Topos Taschenbücher
Band 213

W0180496

Paul Hoffmann

Das Erbe Jesu und die Macht in der Kirche

Rückbesinnung auf das Neue Testament

Topos Taschenbücher

Die Deutsche Bibliothek – CIP-Einheitsaufnahme

Hoffmann, Paul:
Das Erbe Jesu und die Macht in der Kirche: Rückbesinnung
auf das Neue Testament / Paul Hoffmann. – 1. Aufl. – Mainz:
Matthias-Grünewald-Verl., 1991
(Topos-Taschenbücher; Bd. 213)
ISBN 3-7867-1588-2
NE: GT

© 1991 Matthias-Grünewald-Verlag, Mainz
Alle Rechte vorbehalten. 1. Auflage 1991
Reihengestaltung: Harald Schneider-Reckels und Iris Momtahen
Umschlag: Susanne Schneider
Gesamtherstellung: Clausen & Bosse GmbH, Leck

Inhalt

»Mehr denn je, bestimmt mehr als in den letzten
Jahrhunderten, sind wir heute darauf ausgerichtet,
dem Menschen als solchem zu dienen, nicht bloß
den Katholiken, darauf, in erster Linie und überall
die Rechte der menschlichen Person und nicht nur
diejenigen der katholischen Kirche zu verteidigen.
Die heutige Situation, die Herausforderung der letzten 50 Jahre und ein tieferes Glaubensverständnis
haben uns mit neuen Realitäten konfrontiert, wie
ich es in meiner Rede zur Konzilseröffnung sagte.
Nicht das Evangelium ist es, das sich verändert;
nein, wir sind es, die gerade anfangen, es besser zu
verstehen. Wer ein recht langes Leben gehabt hat,
wer sich am Anfang dieses Jahrhunderts den neuen
Aufgaben einer sozialen Tätigkeit gegenübersah, die
den ganzen Menschen beansprucht, wer wie ich
zwanzig Jahre im Orient und acht in Frankreich ver-
bracht hat und auf diese Weise verschiedene Kulturen miteinander vergleichen konnte, der weiß, daß
der Augenblick gekommen ist, die *Zeichen der Zeit*
zu erkennen, die von ihnen gebotenen Möglichkeiten zu ergreifen und in die Zukunft zu blicken.«

Johannes XXIII.

Vorwort

Die Betroffenheit und Empörung bei vielen in der Kirche
– über autoritäre Eingriffe der römischen Zentralgewalt in
einzelne Ortskirchen oder auch ganze Regionen,
– über die den innerkirchlichen Frieden störende Favori-
sierung reaktionärer Kräfte und Gruppen,
– über das immer deutlicher hervortretende Bestreben,
durch Maßregelung einzelner und durch ein allgemeines
Klima der »Denunziation« die Freiheit theologischer Forschung und pastoraler Initiativen insgesamt einzuschränken,
– und schließlich auch über den Zugriff auf die Gewissens-
freiheit aller in der römischen Kirche
kann und darf sich nicht in Polemik gegen einzelne mehr
oder weniger gut beratene kirchliche Verantwortungsträger erschöpfen. Angemessene Reaktion darauf kann nur
eine Grundlagendiskussion sein, welche die im zweiten
Vatikanischen Konzil zwar gesehenen, aber kaum ansatzweise gelösten Strukturfragen wieder aufnimmt und kritisch weiterführt. Dies verlangt erneut, nach den institutionellen Voraussetzungen gegenwärtiger kirchlicher
Praxis und deren theologischer Legitimität, aber auch
nach Zielvorstellungen für eine Zukunftsgestalt der Kirche
zu fragen, die dem genuinen Erbe christlicher Überlieferung angemessener Ausdruck geben könnte. Dabei geht es
nicht nur um einen theologischen Insider-Streit, vielmehr
steht die Glaubwürdigkeit des kirchlichen Anspruchs,
Zeuge der Botschaft Jesu vor der Welt zu sein, und damit
die Zukunft der römischen Kirche selbst auf dem Spiel.
Solche Glaubwürdigkeit ist nötig, will die Kirche vom
modernen Menschen, der sich nur noch in Ausnahmefäl-
len in der gegenwärtigen Kirche »zu Hause« fühlen kann,
als Gesprächspartner in den ihn bewegenden Lebensfra-

gen wieder ernst genommen werden. Solche Glaubwürdigkeit ist aber auch notwendig, wenn wir dem Erbe unserer Glaubensgeschichte im gegenwärtigen und zukünftigen »Weltgespräch« über die einer menschenwürdigen Lösung bedürftigen globalen Weltprobleme Gehör verschaffen wollen.

Gerade die neutestamentliche Exegese, deren Aufgabe es ist, der Erinnerung an Jesus von Nazaret Geltung zu verschaffen, kann sich der hier anstehenden Aufgabe nicht entziehen, mag ihr Beitrag auch nur ein partieller sein. Die in diesem Band zusammengefaßten Einzelbeiträge, die in den letzten Jahren eher als »Gelegenheitsarbeiten« entstanden, stellen den Versuch dar, im Sinne einer »offenen Exegese«, die in der historisch-kritischen Arbeit erschlossenen Aussagen des Neuen Testaments unter der Herausforderung unserer Situation auszulegen. Daß sich die Ergebnisse dieses Versuches nur mit dem Vorbehalt der »Vorläufigkeit« vertreten lassen und insofern diskussionsbedürftig sind, ist für den historisch-kritisch arbeitenden Exegeten aufgrund seiner hermeneutischen Voraussetzungen selbstverständlich. Ich habe mit Rücksicht auf eine auch für den Nicht-Fachtheologen verständliche Darstellung auf die Darbietung zu detaillierter Einzelanalysen verzichtet. Wer sie hier vermißt, sei auf die im bibliographischen Anhang genannten eigenen wie fremden Untersuchungen verwiesen. Die in diesem Band aufgenommenen Beiträge wurden für ihre erneute Veröffentlichung nochmals überarbeitet, im einzelnen präzisiert und ergänzt, einiges wurde gestrichen, um ermüdende Überschneidungen zu vermeiden.

Für vielfache Hilfe bei der Herausgabe habe ich meiner Sekretärin, Frau Andrea Finzel, meinem Assistenten, Dr. Ulrich Bauer, sowie den studentischen Hilfskräften zu danken.

Mein besonderer Dank gilt Matthias Fomm-Jürgens, der als stets bereiter Gesprächspartner die Arbeit mit Kritik und Anregung begleitet hat. Ich möchte hier auch jene Studentinnen und Studenten nicht unerwähnt lassen, die in unseren gemeinsamen Sonntagabend-Gottesdiensten sich auf den Versuch eingelassen haben, wenigstens eine Spur von dem ausfindig zu machen, wie christliche Gemeinde sein könnte, wenn es sie denn gäbe.

Bamberg, im Juli 1991   *Paul Hoffmann*

1. Das gefährliche und gefährdete Erbe des Jesus von Nazaret

> »...Ein Mensch, der in jeder Beziehung für das Gute einstehen möchte, müßte inmitten so vieler schlechter Menschen zugrundegehen. Daher muß ein Fürst, wenn er sich halten will, lernen, schlecht zu sein und davon je nach Bedarf Gebrauch zu machen.«
>
> (Niccolo Macchiavelli, Il principe XV)

Zugang zum Jesus der Geschichte

Die mit der Aufklärung einsetzende historisch-kritische Erforschung der Evangelien hat zu der weithin akzeptierten Erkenntnis geführt, daß der *Jesus der Geschichte* in den etwa fünfzig Jahre nach seinem Tode verfaßten Evangelien nicht mehr unmittelbar zugänglich ist, sondern nur in der je verschiedenen, situationsbezogenen Auslegung, die die vorangehende mündliche Gemeindeüberlieferung durch die Evangelisten erfuhr. Nur durch eine sehr komplizierte literar- und traditionsgeschichtliche Analyse der so entstandenen Texte läßt sich ein Zugang zu jenen ältesten Schichten gewinnen, die uns einen authentischen Eindruck Jesu vermitteln. Es sind vor allem jene Traditionen, die – wie ein verbreitetes Kriterium besagt – weder aus dem Judentum abgeleitet werden können, noch den Interessen der späteren Gemeinde Ausdruck geben. Wenn sich mit diesem Kriterium das Profil Jesu zwar nur wie in einem Schattenriß erfassen läßt, so wird doch das Charakteristische der Botschaft Jesu greifbar.[1]

1 Vgl. dazu F. Hahn, Methodologische Überlegungen zur Rückfrage

Während noch Rudolf Bultmann die theologische Legitimität einer Rückfrage nach dem geschichtlichen Jesus ab-
lehnte und die Grundlage christlicher Theologie erst in
der nachfolgenden Verkündigung, dem »Kerygma«[2] der
Gemeinde, gegeben sah, wies Ernst Käsemann 1953 in
einem im Kreis der Schüler Bultmanns gehaltenen Vor-
trag »Das Problem des historischen Jesus«[3] ihre Berech-
tigung von den Evangelien her auf. Er gab damit das Si-
gnal für eine Renaissance der Jesusforschung, die bis
heute andauert. Wenn die Evangelien selbst schon das in
der nachösterlichen Verkündigung entworfene Jesus*bild*
der Gemeinden mit dem geschichtlichen Jesus verbinden,
lassen sie uns das Interesse erkennen, welches sie an der
Geschichte des Irdischen und seiner Botschaft haben. Sie
wollen so die im hellenistisch-römischen Kulturbereich
entstehenden Gemeinden davor bewahren, unter dem
Einfluß hellenistischer Religiosität und Heilsvorstellun-
gen den Bezug zur Geschichte zu verlieren und die christliche Botschaft im Sinn einer individualistisch geprägten
religiösen Erbaulichkeit oder als bloßen Mirakelglauben
zu mißdeuten. *Nur in der Bindung an den historischen Jesus kann die Konkretheit der christlichen Erlösungsbotschaft erhalten bleiben.* Das gilt auch gegenüber einem
Glaubensverständnis, das sich auf das Für-wahr-Halten
der von der kirchlichen Autorität vorgelegten Lehrinhalte
beschränkt und durch eine solche Rationalisierung die exi-
stentielle Einheit von Glauben – als erfahrener und ange-

nach Jesus, in: K. Kertelge (Hrsg.), Rückfrage nach Jesus. Zur Methodik
und Bedeutung der Frage nach dem historischen Jesus, Freiburg 1974,
11–17. Ich beziehe mich im folgenden jeweils auf die nach meinem Urteil
authentischen Traditionen und zitiere sie in der dem ursprünglichen
Wortlaut am nächsten kommenden Version.
2 Theologie des Neuen Testaments. Tübingen [9]1984, 1 f sowie ders., Das
Verhältnis der urchristlichen Christusbotschaft zum historischen Jesus,
Heidelberg [3]1962, bes. 7–9.
3 Exegetische Versuche und Besinnungen I, Göttingen [6]1987, 187–214.

nommener Güte Gottes – und einer dadurch möglich gewordenen neuen Praxis zerstört (Gal 5,6).

Jesus der Prophet

Veranlaßt durch die in der Erzählüberlieferung der Evangelien auftauchende Anrede »Lehrer«, »Meister«, »Rabbi«
hat man vielfach Jesus und seine Jüngergemeinschaft in
Analogie zum rabbinischen »Lehrer-Schüler-Verhältnis«
verstehen wollen und so Jesus dem Typos des »religiösen
Lehrers« zugeordnet. Dementsprechend ließ sich dann
auch Jesu »Lehre« im Sinn der Vermittlung zeit- und ortloser, ewig gültiger (Offenbarungs-)Wahrheiten über
Gott, Welt und Mensch verstehen. Dieses Bild bedarf in
vielfacher Hinsicht der Korrektur. Die neuere Diskussion[4] ergab, daß Jesus religionssoziologisch eher dem Typ
des religiösen »Außenseiters« und »Propheten« zuzuordnen ist. Geleitet von einer ihn bis ins Innerste packenden
neuen Erfahrung des Gottes seiner Väter ist das Ziel seines
Wirkens nicht die Stabilisierung überkommener religiössozialer Anschauungen oder herrschender Verhältnisse,
sondern die Bekehrung Israels zu dem Gott, der sich in
neuer, unerhörter Weise dem Menschen zuwendet. Diese
soll beim einzelnen zu einer »Bewußtseinsänderung«
(Umkehr) und einer neuen, diesem Gott angemessenen
Weise der Gestaltung der zwischenmenschlichen Beziehungen führen.
Dem entspricht die radikale Infragestellung aller von Herkommen oder Macht getragenen vermeintlichen Sicher-

4 Vgl. M. Hengel, Nachfolge und Charisma, Berlin 1968; G. Theißen,
Studien zur Soziologie des Urchristentums, Tübingen ³1989; M. Ebertz,
Das Charisma des Gekreuzigten. Zur Soziologie der Jesusbewegung, Tübingen 1987 sowie A. Holl, Jesus in schlechter Gesellschaft, Stuttgart
1971.

heiten. Das verbindet Jesus mit seinem »Lehrer«, dem »Über-Propheten« (Mt 11,9) Johannes dem Täufer, der Israels Erwählungsprivileg, die Abrahamskindschaft, angesichts des kommenden Gerichts Gottes aufgehoben sah: »Meint nicht, bei euch sagen zu können: ›Wir haben Abraham zum Vater‹. Ich sage euch, Gott kann aus diesen Steinen hier dem Abraham Kinder erwecken« (Mt 3,9). Vor diesem Gott erweisen sich alle als schuldig.

Offensichtlich war es die Gewalt der Täufer-Botschaft, die den bis dahin in »normalen« Verhältnissen in Nazaret lebenden jungen Mann Jesus veranlaßte, den väterlichen Beruf aufzugeben und seine Familie, Mutter und Geschwister, zu verlassen. Er brach damit in die »Anormalität« aus: zunächst als Jünger des in der Wüste, »am Rande menschlicher Existenz«, lebenden Täufers, den er später »den größten je von einer Frau geborenen Menschen« nennen wird (Mt 11,11 a); nach der Trennung vom Täufer mit einer eigenen Botschaft in der Heimatlosigkeit seines galiläischen Wanderlebens. In der Forderung an die Jünger, um der Nachfolge willen Familie und Besitz zu verlassen (Lk 9,58–60; 14,26 f.; Mk 8,34), spiegelt sich sein eigener Weg wider. So wundert es nicht, daß selbst seine eigene Verwandtschaft ihn für »verrückt« hielt und gewaltsam nach Hause zurückzuholen versuchte (Mk 3,21). Er reagierte darauf, indem er die ihm zuhörende Menge demonstrativ zu seiner Familie erklärte (Mk 3,31–35). Dieser Bruch mit der Familie dauerte offensichtlich bis zu seinem Tode an. Am Kreuz werden ihm nur die Frauen, die in Galiläa mit ihm und den Jüngern die Nachfolgegemeinschaft teilten, die Treue halten (so Mk 15,40 f. im Unterschied zu Joh 19,25–27). Sein Wirken ist vom Argwohn der religiösen wie politischen Führungskräfte begleitet (vgl. Mk 3,6; Lk 13,31–33). Wie dem Täufer[5] wird auch

5 Vgl. Josephus, Jüdische Altertümer 18,117–119; Mk 6,17–29.

ihm von den politisch Verantwortlichen der Prozeß gemacht, weil man durch ihn die herrschenden politisch-religiösen Verhältnisse gefährdet sah. Anlaß für die Auslieferung Jesu an die römische Besatzungsmacht durch die der sadduzäischen Oberschichtspartei angehörigen Mitglieder des Synhedrions war höchstwahrscheinlich die prophetische Zeichenhandlung der »Tempelaustreibung« (Mk 11,15 f) und in Verbindung damit stehende Drohworte gegen den Tempel (Mk 13,1 f. sowie 14,58, wo eine historisch zutreffende Anklage bewahrt sein dürfte). Man sah darin einen Angriff gegen die im Hohenpriestertum repräsentierte und durch die Römer sanktionierte öffentliche Ordnung.[6]

Mit den von Max Weber entwickelten religionssoziologischen Kategorien läßt sich Jesu Wirken als *charismatischer* Aufbruch begreifen. So wird sowohl das Außenseitertum Jesu als auch die »von innen heraus« wirkende »revolutionäre, alles umwertend(e)« und souverän »mit allen traditionellen oder rationalen Normen brechende« Kraft seiner Botschaft zutreffend erfaßt.[7] Weber sieht in solchen Aufbrüchen »die spezifisch ›schöpferische‹ revolutionäre Macht der Geschichte«. Ein solches Charisma – »freie Gnadengabe außerordentlicher Zeiten und Personen« – erweist sich in der von ihm ausgelösten Geschichte jedoch immer als *gefährdet*, da sich seiner die »Mächte des Alltags« im »Bündnis mit der Tradition« zur Legalisierung ihrer Interessen bemächtigen; aber auch als *gefährlich*, insofern sein revolutionäres Potential im Verlauf der Ge-

6 K. Müller, Jesus und die Sadduzäer, in: H. Merklein/J. Lange (Hrsg.), Biblische Randbemerkungen. Schülerfestschrift für R. Schnackenburg, Würzburg 1974, 3–24, und ders., Möglichkeit und Vollzug jüdischer Kapitalgerichtsbarkeit im Prozeß gegen Jesus von Nazaret, in: Der Prozeß gegen Jesus. Historische Rückfrage und theologische Deutung, Freiburg/Br. 1988 (QD 112), 41–83.
7 Wirtschaft und Gesellschaft, Tübingen 51972, 657., die folgenden Zitate a. a. O. 658.661.

schichte wiederentdeckt und zum Initiator innovativer Prozesse zu werden vermag, durch die im Widerstand gegen eine sich »versteinernde Tradition« dem Ursprung wieder Geltung verschafft wird.

Gottes gegenwärtige Herrschaft unbedingter Güte

Die Botschaft Jesu zeigt ihr Profil im Vergleich mit dem Täufer. Hatte jener den unmittelbar bevorstehenden Einbruch des endzeitlichen Zorngerichts angekündigt, dem keiner zu entgehen vermag, so geht Jesus in seiner eigenen Predigt von der *Gegenwart der Basileia, der Herrschaft Gottes*, aus (Lk 11,28; 10,23 f.; 17,21; Mk 2,19). Der für das Denken der zeitgenössischen Apokalyptik kennzeichnende Bruch zwischen Gottes endzeitlicher Herrschaft und der dem Bösen verfallenen gegenwärtigen Geschichte, zwischen *diesem* und *jenem Äon*, wird damit überwunden.

Diese Herrschaft Gottes realisiert sich zwar in der Geschichte nur ansatzweise, bruchstückhaft, in kleinen Schritten, wie die Metaphorik des kleinsten aller Samenkörner im Gleichnis vom Senfkorn verdeutlicht (Lk 13,18 f.; Mk 4,30–32). Für Jesus gibt es jedoch keinen Zweifel, daß Gottes Zukunft begonnen hat. Der ferne Gott ist der nahe. Der jüngste Tag ist »Standrecht« (F. Kafka). In der Gegenwart fällt die Entscheidung. Jetzt ist der kostbare Augenblick, da im Alltag der Welt der im Acker verborgene Schatz, die begehrte Perle gefunden werden können (Mt 13,44–46). Sofern man nur »allen Besitz« verkauft und sich ganz auf diesen Fund einläßt, wird solcher Glaube zu einer »Berge versetzenden« Macht (vgl. Mt 17,20). Allerdings bleibt auch der Jünger immer auf das Gebet des Vaters von Mk 9,24 verwiesen: »Ich glaube, hilf meinem Unglauben«. Er vertraut diesem Gott, wie es Paulus am Beispiel Abrahams aufzeigen wird, »auf Hoffnung gegen alle Hoffnung« (Röm 4,18).

Jesu Anfang steht im Horizont der allein Gott vorbehaltenen Zukunft. Die »wahren Verhältnisse« lassen sich in dieser Welt weder durch totalitären Zugriff noch durch den schwärmerischen Rückzug in eine vermeintlich »reine Gemeinde« herstellen. Die Scheidung von Unkraut und Weizen ist nicht Sache der Jünger, über sie verfügt allein der Herr der Ernte (Mt 13,24–30). Jesus weiß, daß weder ihm noch seinen Anhängern Anfechtungen und Konflikte erspart werden (Mt 10,34–36; Lk 14,27). Doch Widerstand ist möglich – im Vertrauen auf den Gott, der alle seine Geschöpfe in Güte trägt (Mt 10,28–31). So betreibt auch Jesus sein Werk wie der »verrückte Bauer« in Mk 4,3–8. Trotz aller Fehlschläge und Niederlagen vertraut er darauf, daß die Botschaft fruchtbaren Boden finden und hundertfältige Frucht bringen wird. Das Risiko des hohen Einsatzes bleibt dem Jünger nicht erspart: Wer meint, das ihm anvertraute Talent verstecken zu müssen, um es unversehrt zu bewahren, wird am Ende auch dieses verlieren (Mt 25,14–30). Nur wer »sein Leben« verliert, kann es gewinnen (Mk 8,35).

Wie Jesus zu der Überzeugung vom *gegenwärtigen* Anbruch der Herrschaft Gottes kam, läßt eine für den modernen Menschen befremdliche Äußerung erkennen: »Ich sah den Satan wie einen Blitz vom Himmel fallen« (Lk 10,18). Jesus spricht hier – durchaus befangen im apokalyptischen Weltbild seiner Zeit – von einem visionären Erlebnis, in dem ihm gewiß wurde, daß der für die Endzeit erwartete Sturz des Satans schon erfolgt ist. Dieses Ereignis ist Zeichen dafür, daß Gottes endzeitliches befreiendes Handeln begonnen hat. Eine ähnliche Vorstellung vom Beginn der Endzeit finden wir etwas breiter ausgeführt auch in Offb 12,7–10: »Und es entstand ein Krieg im Himmel, der Michael und seine Engel (mußten) Krieg führen mit dem Drachen. Und der Drache führte Krieg und seine Engel, und nichts vermochte er, und nicht wurde ihr Ort gefunden mehr im Himmel. Und geworfen wurde der große Drache, die alte Schlange, gerufen Teufel und Satan, der den ganzen Erdkreis in die Irre führt, geworfen wurde er auf die Erde, und seine Engel wurden mit ihm geworfen. Und ich hörte eine laute Stimme im Himmel, sie sagte: Jetzt entstand das Heil und die Kraft und das Königtum unseres Gottes...«[8]

Die Herrschaft des Satans (Lk 11,18), die dieser mit Hilfe der dämonischen Mächte in der Welt ausübt (eine Vorstellung, mit der das antike Judentum die »strukturelle Negativität« der Weltgeschichte erfaßte), ist endgültig gebrochen. Gott beginnt seine dem Bösen unterworfene Schöpfung zurückzugewinnen; die Welt geht ihrer »Entdämonisierung« entgegen. Jesus weiß sich als Exponent dieses weltumgreifenden göttlichen Befreiungsprozesses: «Wenn ich mit dem Finger Gottes die Dämonen austreibe, ist Gottes Herrschaft zu euch gekommen« (Lk 11,20; vgl. Mk 3,27).

Die *jetzt*, d. h. in dieser von den Mächten des Bösen pervertierten Geschichte, anbrechende Herrschaft Gottes wird so zum tragenden Grund und bestimmenden Inhalt seines Wirkens. Jesus verbindet in strenger Theozentrik dabei die apokalyptische Hoffnung auf die zukünftige Herrschaft Gottes mit dem altisraelitischen Glauben an die *in der Schöpfung* sich manifestierende Königsherrschaft Gottes. Gegen die apokalyptische Flucht aus dieser Welt in eine ferne Zukunft und gegen die skeptische Infragestellung der Möglichkeit einer gerechten Weltordnung

---

8 Diese Vorstellung von der endzeitlichen Überwindung des Satans zum Beginn des endgültigen Heilshandelns Gottes findet sich auch in verschiedenen jüdischen Schriften der Zeit: Ass Mos 10,1 f.; 1 QM 15,12–16,1; Sib 3,796–807. Mit meiner Deutung beziehe ich mich vor allem auf U. B. Müller, Vision und Botschaft. Erwägungen zur prophetischen Struktur der Verkündigung Jesu, in: ZThK 74 (1977) 416–448.

durch die späte Weisheit (z. B. bei Kohelet), wird so im Sinne altisraelitischen Erbes die Geschichte als Ort des Heilshandelns Gottes wiederentdeckt. Jesu Wirken zielt dabei weder auf die Aussonderung eines heiligen Restes wie in der Qumran-Gemeinde noch wie bei den Zeloten auf einen heiligen Krieg zur national-messianischen Restituierung Israels. Gottes Gegenwart ist auch nicht mehr an den Tempel und kultische Begehungen oder an die strenge Erfüllung des Gesetzes gebunden, von der später die Rabbinen den Anbruch der Herrschaft Gottes abhängig sehen werden. Indem Jesus ihre Gegenwart für sein Auftreten, für seinen Umgang mit den Menschen beansprucht, auf die er irgendwo in Galiläa trifft, wird *uneingeschränkt* der Bereich *menschlicher Geschichte* als *Ort dieser Gegenwart* erwiesen, ohne daß es allerdings möglich wäre, sie auf einen Ort in ihr festzulegen (vgl. Lk 17,21). Gott der *Schöpfer* ist, durch sein eschatologisches Befreiungshandeln alles erneuernd, in dieser Welt am Werk und sucht das Heil seiner Geschöpfe. Dies vermag den *universalistischen Zug* der jesuanischen Verkündigung zu erklären, nach der sich Gott eben *jedem* seiner Geschöpfe *ohne Vorbehalt* zuwendet. Wie für den Täufer hat auch für Jesus Israel seine heilsprivilegierte Stellung verloren. Die alten Erwählungstraditionen haben keine Bedeutung mehr: *alle* sind schuldig vor Gott (vgl. Lk 13,1–5), darum gilt aber auch *allen* seine Zusage der Vergebung. Gott nimmt den durch die Mächte des Bösen deformierten, um sein Leben betrogenen Menschen als sein Geschöpf an. Jesu Verhalten, seine Zuwendung gerade zu den Diffamierten und Deklassierten, wird so zum Paradigma für Gottes Handeln an der Welt. Er macht Gottes Gnade konkret erfahrbar. Der Übermittler *ist* Botschaft.

Die göttliche Option

Jesus richtet seine Botschaft vom gegenwärtigen Heilshandeln Gottes, wie der Befund der Quellen erkennen läßt, vor allem auf zwei in der zeitgenössischen Gesellschaft disqualifizierte Personengruppe aus: die Armen und die Sünder. Ihnen gilt in seiner Perspektive in besonderer Weise Gottes Zuwendung.

Die ersten waren die Opfer der politisch-ökonomischen Entwicklung. In den Seligpreisungen der Armen, Hungernden und Trauernden (Lk 6,20 f.) erweist sich Jesus als der in Jes 61,1 f. (vgl. Lk 4,18 f.) angekündigte *endzeitliche Freudenbote* Gottes: »Der Geist des Gebieters und Herrn ruht auf mir, da der Herr mich gesalbt hat. Den Armen Frohes zu melden, hat er mich gesandt, zu heilen, die gebrochenen Herzens sind, Befreiung zu künden den Gefangenen, den Gefesselten Lösung (der Stricke), ... zu trösten alle Trauernden«.

Mit der Heilszusage an die Armen, Gefangenen und Trauernden wird in dem Text also der Anbruch des göttlichen Befreiungshandelns eingeleitet. Sie sind das Zeichen für den Anbruch der Herrschaft Gottes. Mt 11,5 stellt den Bezug von Jesu Handeln zu dieser Jesajastelle ausdrücklich her. So gesehen geht es Jesus nicht nur um eine Vertröstung der Armen auf eine ferne Zukunft oder das Jenseits. Weil die Herrschaft Gottes begonnen hat, proklamiert er *jetzt schon* gegen die noch herrschenden Unrechtsverhältnisse und die dafür Verantwortlichen die vor Gott allein gültige Rechtsordnung. Der Gott Jesu ist, wie es auch bei den alttestamentlichen Propheten der Fall war, ein Gott, der für die Entrechteten Partei ergreift. Sein Platz ist auf ihrer Seite. Sein Heilshandeln gilt den Zu-kurz-Gekommenen ohne Ausnahme, denen, die »im Dunkeln« sind. Jesu Botschaft ist nicht isoliert zu sehen, sein Wort ist begleitet von Taten der Solidarisierung mit den in der Gesellschaft an den Rand Gedrängten: den Kranken, besonders den »Unreinen«, den »Aussätzigen« und von »bösen Geistern Besessenen«, den in einer patriarchalen Gesellschaft diskreditierten Frauen, den Kindern, den mit den »Ausbeutern« kollaborierenden Zöllnern und den religiös verachteten Sündern.

Gerade mit den letztgenannten Gruppen zeigte er demonstrativ seine Solidarität, wenn er (ohne die üblichen Berührungsängste) in fröhlicher Runde mit ihnen feierte (Mk 2,15 f.; Lk 15,1 f.). Seine frommen Zeitgenossen reagierten auf diese Provokation mit dem Vorwurf des »Fressers und Säufers, des Genossen von Zöllnern und Sündern« (Mt 11,19). Solche Genossenschaft erweist ihn in ihren Augen als »störrischen und widerspenstigen Sohn«, der die Todesstrafe verdient (vgl. Spr 23,20 f.; Dt 21,18–21). Wir werden hinter solchem Verhalten anderes vermuten dürfen. Wie das in der Abendmahlsüberlieferung erhaltene authentische Abschiedswort Jesu: »Ich sage euch, nicht mehr trinke ich von der Frucht des Weinstocks bis zu jenem Tag, an dem ich neu von ihr trinke in der Herrschaft Gottes« (Mk 14,25) erkennen läßt, steht für ihn diese Tischgemeinschaft, von der keiner ausgeschlossen war, in der Perspektive des für die Endzeit erwarteten Freudenmahls, das Gott allen Völkern bereiten wird (Mt 8,11 f., vgl. Jes 25,6–9). So sind diese für ihn charakteristischen Feiern als *prophetische Zeichenhandlungen* zu verstehen, in denen Gottes universale Mahlgemeinschaft in solcher offenen, keinen ausschließenden Tischgemeinschaft vorweggenommen wird. Wenn irgendwo, so wird gerade hier die jesuanische Intention, der »Stiftungswille«, der späteren christlichen Herrenmahlfeiern greifbar.

Die Geschichte der Heilung der an Blutfluß leidenden Frau ist bezeichnend für Jesu Einstellung zu den ›Unreinen‹. Hier wird ein gesellschaftlich-religiöses Tabu ersten Ranges zum Thema. Aufgrund ihrer jahrelangen Krankheit war diese Frau für ihre Umgebung nach jüdischem

Urteil ein ständiger »Herd der Unreinheit«. Wer mit ihr in Berührung kam, wurde gemäß der jüdischen Reinheitsgesetze selbst verunreinigt und damit von der Gemeinschaft, vor allem aber auch vom Kult, ausgeschlossen. Indem Jesus sich von ihr berühren läßt (und dadurch selbst »unrein« wird) durchbricht er dieses Tabu. Ihre Heilung demonstriert, daß für seinen Gott die von den Menschen errichteten Schranken nicht bestehen. In ihrem »Glauben« hat sie diese überwunden.[9]

Das Ärgernis, das er mit solchem Verhalten gab (vgl. Lk 15,1 f), betraf nicht nur die praktische Einstellung zu den Sündern und »Unreinen« in der damaligen Gesellschaft, sondern das *Gottesverständnis* selbst. Vor allem die Gleichnisse vom Verlorenen stammen aus dieser Situation des Streites. Daß Jahwe ein gütiger Gott ist, reich an Erbarmen, stets bereit, dem umkehrenden Sünder zu vergeben, gehört ebenso zu den tiefsten Überzeugungen jüdischen Glaubens, wie die Einsicht, daß auch der Gerechte siebenmal am Tage fällt. Das Ärgernis für die Zeitgenossen bestand in den Konsequenzen, die Jesus aus diesem Gottesverständnis zog. Er sprach den Sündern offensichtlich ohne vorausgehende Bußakte diese Vergebung Gottes zu. »Umkehr« ist ein Geschehen, das nicht der Mensch, sondern Gott ins Werk setzt. Er wendet sich dem Menschen vorbehaltlos zu und freut sich, das *Verlorene* zu finden. Gerade dieser »Unbedingtheit« gibt das Gleichnis vom verlorenen Schaf Ausdruck. Der Gott Jesu gleicht einem Hirten, der dem verirrten Schaf nachgeht und es ohne wenn und aber aufnimmt, weil er sich freut, es gefunden zu haben. (Lk 15,4–6; V 7 ist ein die Intention verkehrender sekundärer Zusatz, vgl. Mt 18,14). Auch im Gleichnis von den Tagelöhnern im Weinberg (Mt 20,1–15) erweist der Hausherr gegen den Protest der Arbeiter der ersten -

9 Mk 5,25–34. Vgl. dazu jetzt P. Trummer, Die blutende Frau, Freiburg 1991.

Stunden seine souveräne Güte gerade darin, daß er allen den *gleichen* Lohn gibt. Damit werden aber auch die Hörer in die Frage verwickelt, ob sie bereit sind, einen solch »großzügigen« Gott zu akzeptieren und *ihre* Einstellung zum »Sünder« zu ändern: »Ist dein Auge neidisch, weil ich gut bin?«. Der Konflikt mit einer an der Leistung orientierten Religiosität und Moral ist damit vorprogrammiert. Für einen Menschen aber, der im Rahmen einer solchen Gesetzesreligion sich aufgrund seiner Verfehlungen nur als von Gott Verurteilter sehen kann und diese Verurteilung auch durch seine Umwelt täglich erfährt, ist eine solche Zusage der vorbehaltlosen Annahme lebensentscheidend. Indem er nämlich sich so von Gott angenommen erfährt, wird es ihm möglich, angstfrei sich und seine Schuld anzunehmen. Erst so ist ihm die Chance einer schöpferischen Neugestaltung seines Lebens eröffnet.

Der »Sünder« ist für Jesus kein Einzelfall. Für ihn ist nur *einer* gut – Gott. Auch für sich lehnt er die Anrede »Guter Meister« in dieser Geschichte ab (vgl. Mk 10,18). So verweist er seine Zuhörer, um ihnen deutlich zu machen, daß man von Gott eigentlich nur Gutes erwarten kann, auf die eigentümliche Ambivalenz ihres eigenen Wesens: »Ihr, die ihr böse seid, wißt doch euren Kindern gute Gaben zu geben…« (Mt 7,11). Die gute Seite, die der Mensch gelegentlich zeigt, besteht nicht ohne den dunklen Hintergrund, der jeden Menschen immer als Sünder ausweist. Die Frage nach der Annahme des Sünders betrifft daher für Jesus nicht nur irgendwelche Einzelfälle, sondern *jeden*. Heil und Heilung kann der Mensch nur finden, wenn er diese Ambivalenz seines Lebens erkennt und anerkennt. Nach der Beispielsgeschichte vom Pharisäer und Zöllner (Lk 18,10 – 14 a) kann nur der vor Gott gerechtfertigt werden, der wie der Zöllner zu seinem Schuldigsein steht und so *seine* Wahrheit akzeptiert. Der Pharisäer, der mit Hilfe seiner (von Jesus nicht in Frage gestellten) »guten Werke« seine negative Seite verdrängt, verfehlt so die Wahrheit seines Lebens und damit auch die Rechtfertigung vor Gott. Er wird durch diese »Lebenslüge« zum »Heuchler« im existentiellen Sinn.

Gottes freie Güte

Die Tiefendimension der jesuanischen Gottesbeziehung zeigt sich am deutlichsten darin, wie er das traditionelle Symbolwort von »Gott, unserem Vater« verwendet. Er spricht vom gütigen »Abba« so, wie Söhne und Töchter ihren Vater unbefangen in der familiären Alltagssprache anreden. Damit bringt er gerade nicht die patriarchale Autorität des Familienoberhauptes oder Herrschers ins Spiel, die mit dem Vater-Namen verbunden war. Eine solche Rede meint auch nicht eine lebenslange Unterwürfigkeit oder Infantilität. Vielmehr erinnert sie an jene »Urerfahrung« bergender Zuwendung, wie sie das Kleinkind in der Zuwendung seiner Eltern erfährt, die von mütterlicher Zärtlichkeit und väterlicher Kraft getragen ist. So kann der Mensch auch in seinem Gebet auf die vielen Worte der Heiden verzichten, im Wissen darum, daß Gott weiß, was er braucht, ehe er ihn darum bittet (Mt 6,7 f.). Der Gott Jesu also sucht von Grund auf das Verhältnis des Menschen zu sich und zum Mitmenschen zu regenerieren, indem er ihn jene Bejahung erfahren läßt, die der Mensch braucht, um sich und andere bejahen zu können. Das geschieht aber nun nicht mehr nur so wie in der Phase frühkindlicher Unmittelbarkeit, sondern im Blick auf eine lange Lebensgeschichte mit der Erfahrung des Versagens, der Schuld und Ohnmacht als Angebot einer bewußten neuen Beziehung zu diesem Vater. In der Geschichte von den zwei ungleichen Söhnen, dem in die Ferne weggezogenen »Verlorenen« und dem »brav« zu Hause Gebliebenen (Lk 15,11–33), wird diese neue Sicht Gottes einem von Gesetz und Leistung bestimmten Gottesbild gegenübergestellt. Der »Vater« der Geschichte steht gegen die »Vaterbilder« seiner Söhne. Während der jüngere seine Umkehr nur als totale Kapitulation vor einem strengen Patriarchen zu sehen vermag (V 18f.), zeigt sich im Protest des zu Hause gebliebenen Sohnes gegen die Wiederaufnahme des Bruders, daß er die anscheinend unangefochtene Gemeinschaft mit dem Vater als freudlosen Knechtsdienst erlebt hat. »Siehe, soviel Jahre diene ich dir als Knecht, nie übertrat ich dein Gebot, und mir gabst du niemals ein Böckchen, um mit meinen Freunden fröhlich zu feiern« (V 29). Daher vermag er auch das Verhalten des Vaters gegenüber dem jüngeren Bruder nicht zu akzeptieren. In seinem Entgegenkommen überholt der Vater der Geschichte die Vaterbilder seiner Söhne. Dem Jüngeren läuft er entgegen und nimmt ihn als Sohn (nicht als Tagelöhner) an, ehe der sein Schuldbekenntnis aussprechen kann; dem Älteren zeigt er, daß er ihn schon immer liebend akzeptiert hat – »Kind, du bist allezeit bei mir; was mein ist, ist dein« (V 31) – und eröffnet ihm so die Chance, ein neues Verhältnis zu ihm und zum Bruder zu finden.

Die Annahme des Menschen durch Gott, die Annahme seiner selbst und die Annahme des anderen gehören für Jesus zusammen. Die durch Gott jedem Menschen zuvorkommend gewährte Vergebung will einen Prozeß gegenseitiger Vergebung und Akzeptanz initiieren (Mt 18,23–35). Nur der kann mit Gottes Vergebung rechnen, der bereit ist, selbst auch seinen Mitmenschen zu vergeben, so wie Gott diesem vergeben hat (Mt 6,12.14f.). Der Grundsatz jesuanischer »Gnadenlehre« kann daher nicht nur heißen: »Ich glaube, daß Gott *mich* angenommen hat«, sondern: »Ich glaube, daß Gott *dich* angenommen hat«. Indem er im Vertrauen auf den Gott Jesu auch die Ambivalenz in sich selbst anzuerkennen vermag, wird er lernen, behutsam und verständnisvoll im Umgang mit seinen Mitmenschen zu werden. In der Gottesbeziehung ist die neue Beziehung zum Mitmenschen grundgelegt.

Der befreite Mensch

Wenn der Mensch Gott und seinem Anspruch unmittelbar in der Geschichte begegnet, verlieren die herkömmlichen heilsmittlerischen Instanzen: Tora, Kult, Frömmigkeitsübungen usw., ihre Relevanz, ja sie können sogar zum Hindernis für diese neue unvermittelte Beziehung von Gott und Mensch werden.

So setzt Jesus das heilige Sabbatgebot aus, wenn es um die Heilung eines Menschen oder auch nur um die Stillung des Hungers geht: »Der Mensch ist nicht für den Sabbat da, sondern der Sabbat für den Menschen« (vgl. Mk 2,23–28; 3,1–5). Fastenübungen haben angesichts der gegenwärtigen Herrschaft Gottes keinen Sinn mehr: »Die Söhne des Brautgemachs können nicht fasten, wenn der Bräutigam da ist« (Mk 2,19). Der Gang zum Altar muß unterbrochen werden, wenn der Opfernde sich erinnert, daß sein Bruder etwas gegen ihn hat (Mt 5,23f.). Dieser wie eine fromme Regel wirkende Spruch macht, wenn man ihn ernst nimmt, jede Opferhandlung unmöglich; denn immer werde ich mich erinnern, daß irgend jemand etwas gegen mich hat. Versöhnung und Barmherzigkeit stehen über dem Kult. Die Vertreibung der Geldwechsler sowie der Verkäufer und Käufer der Opfertauben aus dem Tempelbezirk dürfte als prophetische Zeichenhandlung zu verstehen sein, die nicht nur die Reinigung des Heiligtums intendiert, sondern den Tempelbetrieb selbst in Frage stellt. Indem Jesus die Voraussetzungen für die Einzahlung der Tempelsteuer und für die Opferhandlungen angreift, greift er diese selbst an (vgl. Mk 11,15 sowie Joh 2,14–16). Dem entspricht die Androhung der Zerstörung des Tempels (Mk 13,2, vgl. auch 14,58; 14,29). Kult und Tempel haben ihre Bedeutung als Orte der Anwesenheit Gottes angesichts der in der Welt gegenwärtigen Herrschaft Gottes verloren. Vor allem die den Alltag der pharisäischen Frommen begleitenden Reinheitsrituale sind überflüssig:

Denn nicht, was in den Menschen hineingeht, verunreinigt ihn, sondern das, was aus ihm, aus seinem Herzen, herauskommt (Mk 7,15, vgl. Mt 23,25). Damit aber ist die für die antik-jüdische Welterfahrung konstitutive Unterscheidung von rein und unrein, heilig und profan, und damit von Leben und Tod, aufgehoben. Eine »kopernikanische Wende« in der religiösen Weltdeutung ist damit vollzogen. Nicht das Ritual, sondern das sittliche Verhalten ist entscheidend. Weil Gott sich der Welt in seinem endzeitlichen Befreiungshandeln zugewandt hat, kann auch der Mensch sich der Welt frei zuwenden. Gerade die radikale »Theo-nomie« Jesu gibt dem Menschen eine »Auto-nomie«, die ihn von den Zwängen der Gebote und der Rituale ein für allemal befreit.

In dieser neuen Situation ist der Mensch – ohne das schützende Gehäuse des Gesetzes – ganz auf sich verwiesen; das meint aber *radikal*, bis in sein Herz hinein, beansprucht. Die vorbehaltlose Zuwendung Gottes zu ihm ermöglicht und erfordert es, daß der Mensch nun seinerseits sich *ganz*, in der Einheit von Fühlen, Denken und Tun (Mt 6,22 f.; Lk 6,43–45), auf den ihn in der jeweiligen Situation ansprechenden Gott einläßt. Er wird zum »Heuchler«, wenn er – mit welchem Vorwand auch immer – durch eine veräußerlichte Frömmigkeitspraxis gerade jene ihn im Innersten beanspruchende Dimension des Wirkens Gottes vernachlässigt oder das »Gebot Gottes« zur Selbstinszenierung vor den Menschen mißbraucht (vgl. Mt 6,1 ff.; 23,5).

Gegen die latent mit jeder Gesetzesreligion gegebene Gefahr einer legalistischen Veräußerlichung des Willens Gottes richtet sich Jesus in seiner Kritik an der Mose-Tora in den auf ihn zurückgehenden sog. primären Antithesen der Bergpredigt (Mt 5,21.22 a.27 f.33 a.b.34 a.37 a). Gegen den Buchstaben des Gesetzes deckt Jesus die Wirklichkeit, die durch jedes Gesetz nur not-dürftig erfaßt wird, selbst als den Ort auf, wo den Menschen in der unmittelbaren Beziehung zu seinen Mitmenschen der Anspruch Gottes direkt trifft. Die neue, durch Gottes Nähe ermöglichte Existenz wird nur gelingen, wenn der Mensch sich in seinem Verhalten von Grund auf ändert. Die Antithesen nennen dafür neuralgische Bereiche der zwischenmenschlichen Beziehungen. So geht es um die Beherrschung der Aggressivität und ihre sublimen Formen des Tötens, um die Sensibilisierung für die Würde der Frau, die nicht zum Objekt des sexuellen Begehrens degradiert werden soll in einer von Männern beherrschten Gesellschaft, um eine umfassende Wahrhaftigkeit, die es nicht nötig hat, den Namen Gottes zur Absicherung der eigenen Wahrheit zu mißbrauchen.

Diese neue Freiheit betrifft nicht nur die Bindung an die religiöse Tradition. Mit dem Spruch vom Mammonsdienst (Mt 6,24) benennt Jesus einen zweiten zentralen Bereich menschlicher Unfreiheit, das Verhältnis zu Geld und Besitz. Hier geht es um die Grundeinstellung menschlichen Lebens (Mt 6,19–21). Möglicherweise veranlaßte die sich im Zuge der Hellenisierung auch in Palästina durchsetzende Geldwirtschaft Jesus dazu, eine besondere Gefahr gerade darin zu sehen, daß der Mensch meint, mit dem Besitz seine Existenz absichern zu können, und so dabei den Mammon zu seinem Gott macht (Mt 6,24). So wird die Frage Gottes- oder Mammonsdienst zu einer sich ausschließenden Alternative. Auch das Verbot des Sorgens (Mt 6,25–31.32b) verfolgt die Intention, den Menschen von der ihn lähmenden Angst um das alltägliche Überleben zu befreien, ihn zum Glauben an den ihn tragenden Gott zu ermutigen und ihm so neue, freiere Lebensperspektiven zu eröffnen. Die vom Jüngerkreis geforderte Besitzlosigkeit ist prophetisches Demonstrationszeichen dafür, daß solche Freiheit lebbar ist,[10] wie auch das Ähren-

---

10 Vgl. L. Schottroff/W. Stegemann, Jesus von Nazareth – Hoffnung der Armen, Stuttgart 1978, 65f. 70–72.

raufen der Jünger am Sabbat für Jesus offenbar ein Zeichen der Freiheit vom Gesetz war. Grundsätzlich kann gelten: »Wer sein Leben retten/bewahren will, wird es verlieren. Wer es verliert... wird es gewinnen« (Mk 8,35). Hinter dem Spruch steht die anthropologische und theologische Einsicht, daß der Mensch gerade durch seine Absicherungsversuche sich und sein Leben verfehlt. Das eigentliche Leben kann er nur gewinnen, wenn er im Vertrauen auf den Gott Jesu auf jede Form von Absicherung verzichtet und gerade so *frei* wird. Diesen Sachverhalt bringen die Geschichten vom Schatz und der Perle zum Ausdruck.»Er verkaufte alles, was er hatte« (Mt 13,44f.): Damit ist die Grundbedingung dafür genannt, daß der Mensch die Basileia, jene neue, ihm durch Gott erschlossene Lebensmöglichkeit, findet.

Unterwegs zu einer menschlichen Gesellschaft

Jesu Botschaft setzt zwar beim Einzelnen an, zielt aber nicht nur auf diesen. Schon die Rede von der Gottesherrschaft meint, in Übereinstimmung mit der prophetisch-apokalyptischen Überlieferung, eine Neuordnung der menschlichen Verhältnisse überhaupt: eine Neuordnung, die im Letzten nur Gott allein zu schaffen vermag, für die der Mensch aber jetzt schon – unter den Bedingungen dieser Weltzeit – Partei ergreifen soll. So sucht Jesus den Menschen gerade an jenen neuralgischen Punkten zu neuen Verhaltensweisen zu bewegen, wo dieser die von ihm in seiner Sozialisation internalisierten gesellschaftlichen Verhaltensmuster seinerseits reproduziert und damit verfestigt. Schon Jesu eigene provozierende Solidarisierung gerade mit den gesellschaftlich an den Rand Gedrängten verfolgt dieses Ziel. Sie sind Paradigma für eine neue Weise des Umgangs der Menschen miteinander.

Wenn sich beim Weltgericht Mt 25,31–46 der Völkerrichter gerade mit den »Geringsten«: den Hungernden, Kranken, Gefangenen, Obdachlosen identifiziert: – »Was ihr dem Geringsten meiner Brüder getan (oder nicht getan) habt, das habt ihr mir getan (bzw. nicht getan)« –, wird das die Gesellschaft bestimmende hierarchische Denken, die das gegenseitige Verhalten bestimmende »Hackordnung« desavouiert. Wir wissen immer, wer »geringer« oder »höher« gestellt ist und wer auf der untersten Stufe steht, und verhalten uns entsprechend. Aber: »Die Ersten werden die Letzten, die Letzten die Ersten sein« (Mk 10,31 u. a.). Jesus bleibt bei der jüdischen Erwartung, daß es in der kommenden Welt zu einer totalen Umkehrung der jetzt herrschenden Verhältnisse kommen wird, nicht stehen, vielmehr sucht er in den Sprüchen vom Herrschaftsverzicht seine Zeitgenossen jetzt schon zur Überwindung einer Lebenseinstellung zu bewegen, in der es jeweils nur um die Durchsetzung der eigenen Herrschaftsinteressen oder die eigene Karriere geht. »Ihr wißt, die Herrscher unterjochen die Völker und die Großen vergewaltigen sie. Nicht so bei euch. Wer auch immer »groß« werden will unter euch, sei euer Diener, und wer auch immer der »Erste« sein will, sei aller Knecht« (Mk 10,42–44 par, vgl. auch 9,35). Dies meint nicht eine »Regel«, wie man geschickt Führungspositionen erreicht; es geht auch nicht darum, daß neue Herren die alten ablösen und so neue Knechte schaffen. Es geht um die Änderung einer Mentalität, die immer wieder Herrschafts- und Abhängigkeitsverhältnisse und Konkurrenzsituationen entstehen läßt. Die Sprüche zielen auf eine Gesellschaft, in der die Herrschaft von Menschen über Menschen abgelöst wird durch den vorbehaltlosen Dienst eines jeden für den anderen. Jesus war sich offenbar der »politischen« Brisanz dieser Forderung bewußt; er stellt dieses Verhalten bewußt in Gegensatz zur Herrschaftsausübung der politischen Machthaber seiner Zeit. Die Rezeptionsgeschichte dieser Forderung in der Gemeindeüberlieferung zeigt, welche Bedeutung man gerade ihr für die christliche Gemeinde zumaß (vgl. Mt 23,8–11; Lk 22,24–27; 1 Petr 5,3).

Nach alttestamentlich-jüdischem Eherecht war es allein dem Mann gestattet, seine Frau aus der Ehe zu entlassen. Ehebruch konnte er nur begehen, wenn er in den ehelichen Rechtsbereich eines anderen Mannes eindrang; seiner Frau gegenüber wurde er dadurch nicht schuldig. Denn Polygamie war grundsätzlich für ihn vorgesehen. Diese Rechtssituation, durch die die Stellung der Frau diskreditiert war, läßt uns die Brisanz der paradoxen Mahnung Jesu in Lk 16,18 verstehen: »Jeder, der seine Frau entläßt und eine andere heiratet, begeht Ehebruch, und auch wer eine, die von ihrem Mann entlassen wurde, heiratet, begeht Ehebruch«. Jesus stellt hier die vom jüdischen Eherecht *legalisierte* Entlassung der Frau dem verbotenen Ehebruch gleich. Damit unterläuft er die von der Vorherrschaft und in vielen Fällen auch von der Willkür des Mannes bestimmte patriarchale Rechts- und Gesellschaftsordnung im Rückgriff auf die schöpfungsgemäße Gleichberechtigung der Frau (vgl. Mk 10,2-12). Die Frau ist nicht mehr bloßes Rechtsobjekt des Mannes, sie ist selbst Rechtssubjekt, der Mann kann ihr gegenüber schuldig werden. Jesus will damit zweifellos nicht ein neues »Eherecht« installieren. Ihm geht es um den Aufweis der Würde der Frau in der Ehe, um ihre Gleichstellung mit dem Mann, da sie wie er Geschöpf Gottes ist, und die daraus sich ergebende *neue Beziehung* zueinander. Dieser Einstellung entsprach sein im zeitgenössischen Milieu ungewöhnlich offener Umgang mit den Frauen, wie ihn zahlreiche überlieferte Szenen erkennen lassen (vgl. z. B. Mk 14,3–9), und auch deren Zugehörigkeit zur engeren Nachfolgegemeinschaft der Jünger (vgl. Mk 15,40f.).

Der Mensch weiß meist sehr genau, wer ihm der Nächste ist oder wer nach den Maßstäben seiner Gesellschaft als »Nächster« bzw. »Nicht-Nächster« zu gelten hat. So ist das alttestamentliche Gebot der Nächstenliebe ständig der Gefahr ausgesetzt, daß durch die jeweiligen Interessen bestimmt wird, wer der dort genannte Nächste ist. Jesus entzieht den Begriff des Nächsten diesem manipulativen Zugriff, wenn er in der Beispielsgeschichte vom barmherzigen Samariter (Lk 10,30–37) deutlich macht, daß einzige Voraussetzung und alleiniger Maßstab der Nächstenliebe der in Not geratene Mensch ist. Die Frage kann dann nicht mehr lauten: »Wer ist mein Nächster?«, sondern nur, wie Lukas richtig expliziert: »Wem werde ich der Nächste?«. Wenn Jesus ein solches Verhalten gerade an einem Angehörigen des mit dem jüdischen Volk seit Jahrhunderten verfeindeten samaritanischen Nachbarvolkes veranschaulicht, der sich nicht die Frage stellt, ob es sich um einen Juden oder einen Samaritaner handelt, macht er mit dieser Provokation seinen Zuhörern drastisch deutlich, daß die Nächstenliebe keine Grenzen kennen darf. In der goldenen Regel (Lk 6,31) mobilisiert Jesus die Wünsche und Sehnsüchte des Einzelnen, um in ihm die Sensibilität für die Wünsche und Sehnsüchte des anderen zu wecken. Statt durch Konkurrenzdenken sollen die menschlichen Beziehungen vom »Prinzip lebendiger Wechselseitigkeit« bestimmt werden. So wird jedem Clan-Denken der Abschied gegeben: Wenn ihr nur die liebt, die euch lieben, wenn ihr nur einen Volksgenossen grüßt, welchen Lohn habt ihr dann? Tun das nicht auch die Zöllner und Heiden? (vgl. Mt 5,46 f.). Der Mensch muß darauf verzichten, sich zum Richter über den anderen zu machen; nur so kann eine Gesellschaft entstehen, in der nicht immer wieder Menschen zum Opfer der Projektionen ihrer Mitmenschen werden (Mt 7,1–5).

Die Basisaussage jesuanischer Ethik ist das Gebot der Feindesliebe (Mt 5,43–45): »Liebet eure Feinde, tuet Gutes denen, die euch mißhandeln, damit ihr Söhne eures Vaters werdet: Er läßt seine Sonne aufgehen über Böse und Gute; er läßt regnen über Gerechte und Ungerechte« (Mt

5,44 f.). Die Forderung zielt nicht nur auf den privaten zwischenmenschlichen Bereich, die offene Formulierung schließt jede Form von Feindschaft ein. In der schon damals von den politischen Spannungen zur Weltmacht Rom bestimmten Situation kam ihr aktuelle Bedeutung zu. Das Gebot zielt auf eine generelle Überwindung des Freund-Feind-Denkens, dessen verhängnisvolle Folgen sich seit dem Brudermord Kains in der Geschichte der Völker ebenso wie in der des Einzelnen ablesen lassen. Gegen die Welt der Menschen, die von Feindschaft und Kriegen bestimmt ist, bringt Jesus die Welt Gottes in Erinnerung: eine Welt, die von der Güte des Schöpfers getragen ist, der allen ohne Ausnahme Sonne und Regen schenkt. Hier zählen nicht mehr »naturgegebene« oder geschichtlich gewordene Unterschiede, nicht die vom Menschen hergestellten Gegensätze und Interessenkonflikte. Hier zählt nur, daß ein Mensch dem anderen, jedem anderen, auch dem Feind, sich in der Weise seines Schöpfers, d. h. in Güte, zuwendet. Nur so kann er selbst zum »Sohn Gottes« werden. Das bedeutet aber auch, daß das menschliche Regelverhalten des »Auge um Auge, Zahn um Zahn«, das immer wieder die tödliche Eskalation der Gewalt auslöst, gegebenenfalls auch durch den Verzicht auf das eigene Recht durchbrochen werden muß. Die paradoxe Forderung, dem, der mich auf die eine Wange schlägt, auch noch die andere hinzuhalten, und dem, der mir im Prozeß das Untergewand pfänden will, auch noch den Mantel zu geben (Mt 5,39 f.) – die Beispiele zielen auf die Situation der kleinen Leute in Galiläa – will gerade beim Betroffenen das übliche Regelverhalten des Gegenschlags und der Rechtsbehauptung blockieren und durch solche Blockade die Chance schaffen, zu einer neuen Weise menschlichen Zueinanders zu finden. Solch paradoxe Formulierungen lassen sich zweifellos nicht als »Gesetz« verstehen, sie wollen in ihrer Intention begriffen und auf die jeweils eigene Situation übertragen werden. In diesem Sinn zielen sie auf

die Überwindung der von Gewalt und Gegengewalt bestimmten Verhältnisse, sei es im persönlichen, gesellschaftlichen oder politischen Bereich. Sie stellen einem
Denken, das meint, Konflikte nur mit Gewalt lösen zu
können und solches praktiziert, die radikale Praxis der
Güte, im Zeichen der anbrechenden neuen Welt Gottes
entgegen.

Was bleibt?

Wer ist dieser Jesus für uns? Ein »apokalyptischer Schwärmer«, den wir getrost im Abseits der Geschichte lassen
können? Der »Arme Vetter Menschheitsretter«, der
meinte, die Welt erlösen zu können, und am Kreuze
landete, als »warnendes Exempel« für solche »Narretei«,
wie ihm Heinrich Heine durchaus mit einer gewissen Wehmut in »Deutschland, ein Wintermärchen« nachsagt? Der
»Superstar« des kirchlichen und sonstigen Showbusiness?
Lohnt es noch, sich auf ihn und seinen Weg einzulassen?
Er, der in Israel an der Selbstgewißheit der Gesetzesfrom-
men und den Machtinteressen der religiösen Oberschicht
scheiterte und dem es in »seiner Kirche« oder richtiger in
»seinen Kirchen« bis heut nicht viel besser ergeht?
Teilt er aber dieses Schicksal nicht mit allen in der Mensch-
heitsgeschichte, die den Ausbruch aus den herrschenden
Verhältnissen wagten – Ausbrüche, die wir nicht dem Lei-
chenfeld der Geschichte überlassen dürfen, da wir sie alle
brauchen, um in einer mörderischen Gesellschaft »unter
Wölfen« (Lk 10,3) überleben zu können, ohne selbst zum
Wolf zu werden? Doch was macht ihn gerade wichtig für
uns? Was hat er eingebracht an Heilvollem in die allgemeine Unheilsgeschichte, er, der gehenkte Galiläer aus
dem verachteten Judenland, den ein später Nachkomme
seines Volkes, Franz Kafka, einen »lichterfüllten Ab-

grund« nannte? Hier gilt es, Spurensuche zu treiben, gegebenenfalls die Geschichte seiner Rezeption »gegen den Strich« zu bürsten. Uns helfen nicht mehr die zahllosen Namen, die ihm verliehen wurden. Sie sind für zu viele zu leeren Worthülsen geworden. Wir müssen ihn in *seiner Geschichte* aufsuchen, immer neu den »Tigersprung zurück« in die Vergangenheit wagen, wie ihn Walter Benjamin forderte, wenn wir jenen kritischen Augenblick erfassen wollen, in dem das Rettende wie ein Blitz aufleuchtet.

Jedem von uns kann das nur in seiner Weise gelingen. Hier läßt sich nichts dekretieren. Für mich möchte ich folgende Antwort versuchen:

Jesus hat die aus dem Elend und der Verzweiflung geborene Vision seines von den Großmächten der Zeit unterdrückten und von den eigenen Führern geknechteten Volkes, jene Vision von einer Welt, in der Gottes Recht und nicht das der Sieger gelten und allen heilvolles Leben ermöglicht wird, zu leben gewagt. Er hat die Realisierung dieser Hoffnung nicht einer fernen Zukunft überlassen, sondern sie als eine im Jetzt, in unserer Geschichte (wo denn sonst?), verborgene Chance wahr-genommen. Er hat das Neue gewagt – im Aufstand gegen die herrschenden Verhältnisse, gegen das Elend und die Verzweiflung, die sie allerorten verbreiten. Darin trifft er sich mit den jüdischen Aufständischen seiner Zeit, mag auch ihn und sie alles andere unterscheiden. Es ist die Revolte eines Einzelnen, der in der Kraft seines Gottes den Sprung über die Mauern wagt.

Er vermochte es, weil er den Gott seiner Väter, den man immer schon den Gütigen und Barmherzigen nannte, beim Worte nahm – gegen den dunklen Schatten, der angesichts des Elends dieser Welt immer noch auf seinem Antlitz liegt. Wie einst Jakob am Jabbok hat er ihm den verheißenen Segen abgerungen. Wenn Gott der Schöpfer des Himmels und der Erde war, dann mußte er dieser Schöpfer auch ganz sein. Das Ja, das er im Anfang zu seiner Schöpfung und seinen Geschöpfen sagte, mußte unwiderruflich und vorbehaltlos für jeden und immer gelten. Konfrontiert mit dem Zwiespalt, in den unsere Wirklichkeitserfahrung Gott, oder richtiger das Bild, das wir uns verbotenerweise von ihm machen, immer wieder stellt, setzte er auf den *gütigen* Gott. Wir dürfen es uns hier nicht zu leicht machen, zu selbstverständlich ist uns heute die Rede vom »liebenden Vater« geworden – der Götterhimmel der Religionsgeschichte könnte uns anderes lehren. So spüren wir kaum noch, daß ein solches Vertrauen, wie es Jesus gelebt hat, den ständigen Aufstand gegen die uns erdrückende Erfahrung der Wirklichkeit meint. Nicht ohne Grund stirbt nach dem Markusevangelium auch Jesus mit dem Schrei: »Mein Gott, warum hast Du mich verlassen?«

Doch nur in Anerkennung dieser unaufhebbaren Spannung behält der Glaube Jesu seine Kraft, wird er zum Impuls, den Gegenentwurf einer neuen Welt, eines neues Lebens zu riskieren. Die Weisungen Jesu, in ihrer Summe zusammengefaßt, lassen die Konturen einer neuen Welt aufscheinen, in der wir nicht mehr wie Macchiavellis Fürst lernen müssen, schlecht zu sein, um zu überleben. So kann es nur noch darauf ankommen, sich bedingungslos auf diesen Gott Jesu und seine Güte einzulassen, so wie dieser sich auf uns einläßt, und im Vertrauen auf seine Wahrheit den Aufstand der Güte zu wagen. Wo dies – auch nur dem Senfkorn gleich – gelegentlich gelingt, geschieht »Auferstehung«, wird das Grab geöffnet, erweisen sich Jesus und sein Gott lebendig, können wir »ihn schauen« (vgl. Joh 14,21).

2. Die hausgemachte Krise

> *»Alle geschichtlichen Ausprägungen des Presbyters*
> *von gestern werden in dieser bruderschaftlichen*
> *Kirche der Zukunft Museumsstücke sein. Der*
> *Presbyter (von morgen und für heute) ist der*
> *Bruder unter Brüdern (und Schwestern!, P. H.)«*
>
> (*H. Schürmann, Die Kirche der Zukunft*
> *und ihre Presbyter, 50*)

Der offenkundige Widerspruch

Wenden wir uns nach dem Rückblick auf den geschichtlichen Jesus und sein Programm unserer kirchlichen Situation zu, wird der Abstand überdeutlich. Zu weit scheint doch jener »Wechselbalg« des real existierenden römischen Katholizismus, der aus dem jahrhundertelangen Konkubinat der »Kirche« mit der Macht entstand[1] und der auch unser kirchliches Selbstverständnis, mehr als uns oft bewußt ist, bestimmt, von jener Stunde des »Brautgemachs« (Mk 2,19) entfernt zu haben, in der die Realutopie der Herrschaft Gottes als Herrschaft unbedingter Güte und darum auch der Freiheit von den Zwängen einer pervertierten Tradition, freilich nur für einen kurzen Augenblick, in der Geschichte des Jesus von Nazaret gelebte Wirklichkeit wurde.

Der nüchterne Blick eines Soziologen wie Max Weber kann uns hier vor einer Illusion bewahren. Es kam so, wie

---

1 Für diese manchem vielleicht unangebracht erscheinende Metaphorik darf ich auf deren Vorgeschichte in der patristischen Ekklesiologie verweisen; vgl. dazu Hans Urs von Balthasar, Casta Meretrix, in: Sponsa Verbi. Skizzen zu Theologie II, Einsiedeln 1961, 203–305.

es mit einer gewissen Regelmäßigkeit jedem charismatischen Aufbruch ergeht, sei er politischer, künstlerischer oder eben auch religiöser Art. In diesem Wissen sollten vor allem wir katholische Christen uns jeder Häme enthalten, wenn zur Zeit allenthalben die Perversion der sozialistischen Idee im real existierenden Sozialismus offenkundig wird. Uns steht die Stunde der Wahrheit noch bevor – spätestens am jüngsten Tag. Freilich drängt sich gelegentlich der Eindruck auf, daß diesem »Glaubenssatz« von manchem kirchlichen Würdenträger höchstens ein ideologischer Wert, aber kaum noch eine Relevanz für sein eigenes Handeln in der Kirche zukommt. Der heute immer wieder auftauchende Slogan »Marx ist tot, Jesus lebt« zeugt jedenfalls nur von der Naivität seines Erfinders und dessen Nachbeter. Die kirchliche Realität sieht anders aus – trotz unseres Bekenntnisses zur Auferstehung Jesu und der ewigen Lampen vor den Tabernakeln. Sie ist – wie Umfragen belegen – eher von einem »ekklesialen Atheismus« bestimmt: Der Gott Jesu oder – konkreter – der Gott, der »weiß, was sie brauchen« (Mt 6,8), wird von vielen in der Kirche nicht mehr erfahren.

Resignieren?

Bleibt uns römisch-katholischen Christen, vor allem aber auch den Predigern des Evangeliums, deren Aufgabe ja gerade darin besteht, dem Erbe des Nazareners immer wieder Gehör zu verschaffen, nur noch die Resignation?
Das Gegenteil ist der Fall. Gerade der nüchterne Blick in die Geschichte und die Einsicht in die sie bestimmenden »ehernen Gesetze« bewahren uns vor Resignation. Denn sie nehmen uns die Illusion, es sei alles schon in Ordnung, weil es so ist, wie es wurde. Sogleich schützen sie uns aber auch vor der naiven Erwartung, der Ursprung ließe sich im

geschichtlichen Prozeß rein bewahren. Das Gleichnis vom Unkraut unter dem Weizen lehrt uns, die Situation nüchtern zu sehen. Allerdings ist der dritte Knecht im Gleichnis von den Talenten all denen eine Warnung, die daraus folgern, es genüge daher schon, das *eine* Talent zu bewahren. Mag man so um der Erhaltung des status quo willen oder auch in der guten Meinung argumentieren, daß nur so dem Ursprung die Treue gehalten werden könne. In dem einen Fall wird das Argument zur Ideologie und dient faktisch nur der Stabilisierung herrschender Machtverhältnisse, im anderen Fall führt es zu einem realitätsfernen Anachronismus, zu romantischer Schwärmerei oder zur Selbstgettoisierung. Das Erbe Jesu läßt sich nur bewahren, wenn wir uns auf das Abenteuer seiner je neuen geschichtlichen Gestaltwerdung einlassen. Das bedeutet aber auch, daß wir uns des Risikos, das mit solcher geschichtlicher Gestaltwerdung immer verbunden ist, bewußt sein müssen. Dies verlangt, biblisch gesprochen, die Gabe der Unterscheidung der Geister, die es auch unseren eigenen Vorstellungen gegenüber anzuwenden gilt. Nur in unerbittlichem Widerstand gegen alle Kräfte, die das Erbe Jesu um der Erhaltung ihrer Macht willen ideologisch mißbrauchen, kann es gelingen, dieses Erbe zu bewahren. Das Wissen um seine ständige Gefährdung ist der hermeneutische Schlüssel zur Entdeckung seiner Wahrheit.

Von der Jesusbewegung zur Kirche

Doch nochmals zurück zu Max Weber und seiner Deutung der frühen Geschichte der Kirche: Seine Analyse lehrt uns, die eigentümliche Dialektik der geschichtlichen Entwicklung zu sehen. Einerseits erscheint die Transformierung der ursprünglich freien charismatisch-prophetischen Jesusbewegung in eine institutionelle Gestalt als unumkehrbarer Prozeß. Denn nur so kann es gelingen, dem Ursprungscharisma – jener »einmaligen äußerlich vergänglichen freien Gnadengabe außerordentlicher Zeiten und Personen«[2] – jene Dauer zu verleihen, nach der »der Wunsch der Jünger und am meisten die Sehnsucht der charismatisch beherrschten Anhänger« – durchaus berechtigt – verlangen. Gerade dadurch aber ist es andererseits in seinem ursprünglichen Charakter und seiner Intention gefährdet. Die konkrete Ausgestaltung der Institution ist zwar abhängig von historischen, zeit- und gesellschaftlich bedingten Faktoren, aber: »…das Bündnis mit der Tradition (ist) zwar nicht das einzig Mögliche, wohl aber, zumal in Perioden mit unentwickelter Rationalisierung der Lebenstechnik, das unbedingt Nächstliegende, meist unvermeidlich. Damit scheint nun das Wesen des Charismas endgültig preisgegeben und verloren, und das ist, soweit sein eminent revolutionärer Charakter in Betracht kommt, auch in der Tat der Fall. Denn es bemächtigen sich seiner nunmehr… die Interessen aller in ökonomischen oder sozialen Machtstellungen Befindlichen an der Legitimierung ihres Besitzes durch Ableitung von einer charismatischen, also heiligen, Autorität und Quelle. Statt also, seinem genuinen Sinn gemäß, allem Traditionellen oder auf ›legitimem‹ Rechtserwerb Ruhenden gegenüber revolutionär zu wirken, wie in statu nascendi, wirkt es nun seinerseits gerade umgekehrt als Rechtsgrund ›erworbener Rechte‹ und, in eben dieser, ihm innerlich wesensfremden Funktion wird es nun Bestandteil des Alltags.«[3]

Genau dieser Prozeß läßt sich an der frühchristlichen Kirchenentwicklung und der Ausbildung einer monepiskopalen Gemeindeverfassung, als der Grundlage der späteren hierokratischen Kirchenstruktur, im Laufe des 2. Jahrhunderts anschaulich machen. Das persönliche Charisma

2 Max Weber, Wirtschaft und Gesellschaft, Tübingen [5]1972, 661.
3 A. a. O. 662.

wird durch das Amtscharisma ersetzt, die Institution selbst zu seinem Träger und Garanten, zur »Gnadenanstalt« – ein Prozeß, der im weiteren Verlauf der Kirchengeschichte zur ersten rationalen Bürokratie der Weltgeschichte in der mittelalterlichen Kirche und schließlich im 19. Jahrhundert – legalisiert durch die Dogmatisierung des Jurisdiktionsprimats des Papstes – zur ekklesialen Ausformung einer diktatorischen Bürokratie führt, wie sie den real existierenden Katholizismus heute prägt.[4] Das Charisma des Anfangs dient nun zur Legitimation und Stabilisierung jener in dem Prozeß der »Veralltäglichung« im »Bündnis mit der Tradition« entstandenen Herrschaftsformen. Es löst aber – wie der Blick in die Kirchengeschichte auch zeigt – immer wieder innovative Prozesse aus. Während in der bürokratisch organisierten Kirche für die urchristliche »Brüderlichkeit« auf Dauer kein Platz war, lebten personal-charismatische Gemeindeformen in Orden und Sekten fort und wurden in den Kirchen der Reformation wenigstens zum Teil zur Geltung gebracht.

Man kann für diese – der christlichen Sache eher abträglichen – Weichenstellung im 2. Jahrhundert manchen plausiblen Grund anführen. Der Blick auf die Gemeinden des neutestamentlichen Zeitalters zeigt jedoch, daß im kirchlichen Selbstverständnis der Frühzeit Alternativen zu dieser Entwicklung angelegt waren – etwa die bruderschaftliche Kirche des Matthäus (Mt 23,8–11) oder die charismatische Gemeinde des Paulus –, die andere Formen der Institutionalisierung nahegelegt hätten. Diese hätten Jesu Forderung des radikalen Herrschaftsverzichts zweifellos eher entsprochen als die hierarchische Gemeindestruktur.

4 Vgl. dazu M. Ebertz, Die Bürokratisierung der katholischen »Priesterkirche«, in: P. Hoffmann (Hrsg.), Priesterkirche, Düsseldorf ²1989, 132–163.

Die geschichtliche Relativität als Chance

Ich bin auf diese Frage zunächst etwas ausführlicher einge-
gangen, weil sie mir *grundlegend* zu sein scheint *für eine
innovative Arbeit in den Gemeinden*. Erst die Einsicht in
die Zeitbedingtheit, das heißt die historische und auch
theologische Relativität der gegenwärtigen Verfaßtheit der
römischen Kirche, bewahrt uns vor ideologischen Fixie-
rungen. Sie schafft so den Freiraum für die Entwicklung
neuer Gemeinde- und Kirchenformen, die dem Erbe Jesu
angemessener Ausdruck geben und dem modernen Menschen gerechter werden könnten. Das, was im Laufe der
Kirchengeschichte an Neuanfängen in den Orden und
Sekten immer wieder versucht wurde, müßte heute gesamtkirchlich auf der Basis der jeweiligen Ortsgemeinden
geschehen. In einer Weltgesellschaft, in der sich die Menschen zunehmend ihrer Würde und ihres Rechts auf Freiheit bewußt werden, in der zugleich aber auch diese
Würde und Freiheit sowohl durch brutale Unterdrückung
als auch durch die sublimen Formen der Entmündigung
zunehmend gefährdet sind, wird die Kirche Jesu Botschaft
von der Freiheit und Würde des Menschen nur dann
glaubwürdig verkünden können, wenn sie selbst in ihrem
Binnenbereich dieser Botschaft bis in ihre Verfassungsformen hinein gerecht wird.

Christian Duquoc hat in seiner zukunftsweisenden Ekklesiologie »Kirchen unterwegs« (Fribourg 1984) vor jenen
Theoriebildungen gewarnt, die das »überzeitliche Wesen«
in ihren Mittelpunkt stellen und abstrakt weiterdenken,
die reale Gestaltwerdung der Kirche aber ausklammern.
Die Genese der Kirche, wie sie in den neutestamentlichen
Schriften anschaulich wird, zeigt, daß Kirche von unten,
von der Basis her entsteht, als »Versammlung« *(ekklesia)*
der Menschen, die sich von der Botschaft Jesu treffen lassen.

Dabei müssen wir uns klar sein, daß der irdische Jesus

nicht eine »Kirche stiften«, sondern Israel bekehren wollte. Daß es schließlich in einem sehr komplexen Prozeß der Ablösung von Israel zur Bildung der Kirche aus Juden und Heiden kam, ist zunächst eine Folge der Ablehnung der Jesuspredigt durch die Führer seines Volkes. Sie war also von Jesus nicht intendiert, wenn auch in seinem universalen, jeden Menschen einbeziehenden Verständnis des eschatologischen Heilshandelns Gottes grundsätzlich angelegt. Dieses hätte sich z. B. aber auch in der endzeitlichen Sammlung der Völker realisieren können, wie Mt 8,11 f. zeigt. Der auf A. Loisy zurückgehende Satz: »Jesus predigte das Reich Gottes – gekommen ist die Kirche« macht die historische Differenz drastisch, aber richtig deutlich.

Die Kontinuität garantiert die *Botschaft*, nicht irgendeine für alle Zeiten gültig festgelegte Verfassungsform oder Amtsinstitution. Kirche läßt sich von daher nur als »offenes System« begreifen, das sich stets transzendieren muß – nicht zuletzt deswegen, weil sie auf die sie übergreifende Größe der die Welt umfassenden Herrschaft Gottes ausgerichtet und angewiesen bleibt. Damit wird die Ortsgemeinde aber zu einem höchst sensiblen Bereich, weil hier eben Kirche je neu ihr geschichtlich bedingtes »Wesen« findet. Gemeindebildung stellt also einen schöpferischen Akt dar, der das verantwortliche Zusammenwirken aller in der Gemeinde voraussetzt. Deren eminente Bedeutung für die Kirche wird damit deutlich.

Der Amtsinhaber – der allein Zuständige?

Einer konservativ-traditionellen Pastoral, die in der Regel ihre Aufgabe gerade darin sah, das jeweils herrschende Kirchenverständnis mit Hilfe des Klerus in gemeindliche Praxis umzusetzen, mag eine solche Option als unerlaubt, aber auch als praktisch unmöglich erscheinen. Dies trifft in der Tat zu, wenn man die Amtsträger weiterhin als die für alle kirchlichen Belange allein Zuständigen ansieht und dementsprechend Gemeindemitglieder nur als Pastoralobjekte betrachtet, aber nicht als Glaubenssubjekte ernst nimmt und so ihre Entmündigung betreibt. Ist aber nicht die häufig beklagte Überlastung der kirchlichen Verantwortungsträger, wie auch die Sprachlosigkeit der Gemeinden nur Ausdruck dieser durch eine solche traditionelle Pastoral erst hergestellten Krise?

Im Rahmen eines Kirchenkonzepts, in dem der Amtsträger als der für alle Entscheidungen in der Gemeinde Alleinverantwortliche gilt und im Namen der Kirche nur als Vermittler vorgegebener Glaubensinhalte handeln kann, und in dem andererseits den Gemeindemitgliedern weder ihre persönliche Glaubensverantwortung noch eine verantwortliche Rolle im gemeindlichen Leben zugestanden wird, kann nur das entstehen, was entstanden ist: ein in Routinearbeiten erstickender Klerus auf der einen, eine kaum noch motivierbare Mitläufer- und Konsumentengemeinde auf der anderen Seite – eine Gemeinde allerdings, der zunehmend alle selbständig Denkenden »die Gefolgschaft« verweigern. Die verbreitete Frustration und Resignation hat insofern ihren Grund nicht in Überlastung oder Überforderung als solcher – es gibt genügend Beispiele dafür, welche Energien eine den Menschen erfüllende Arbeit freisetzt –, sondern in der Perspektivlosigkeit dieser die schöpferischen Kräfte aller Beteiligten lähmenden Kirchensituation.

An dieser Stelle zeigt sich, daß Kirchenverständnis und pastorale Situation sich gegenseitig bedingen. Alle pastoralen Erneuerungsversuche bleiben bloße Kosmetik, solange sie sich nicht der Gretchenfrage nach der bei der Arbeit vorauszusetzenden Gemeinde- bzw. Kirchenstruktur stellen. Ihre gelegentlichen Erfolge dienen dann eher der Verschleierung herrschender Verhältnisse als jener zweifellos von zahlreichen Wohlmeinenden intendierten Erneuerung der Gemeinde. Wir kommen daher an einer umfassenden Grundlagendiskussion nicht vorbei, in die alle in der Kirche einbezogen werden müssen.

Das falsche Modell

Für mich war es beim Studium der Pastoralbriefe, die am Ende der neutestamentlichen Epoche, wahrscheinlich im kleinasiatisch-griechischen Bereich, von einem unbekannten Kirchenmann fiktiv an die einstigen Mitarbeiter des Paulus, Timotheus und Titus, gerichtet werden, überraschend, wie hier – unbeschadet der historischen und soziokulturellen Unterschiede – gleichsam in einem Phantombild auch die Probleme sichtbar werden, die sich aus der (für das Neue Testament singulären) Fixierung auf das eine Leitungsamt in der Folgezeit ergeben werden.

Der überforderte Amtsträger

Einerseits der restlos überforderte Amtsträger, der in den beiden Apostelschülern Timotheus und Titus angesprochen wird. Ihm sind alle Kompetenzen in der Gemeinde zugeschrieben. Er allein empfing das (nun auf die Amtsgnade reduzierte) Charisma durch Handauflegung – den für die urchristliche Missionsbewegung einst entscheidenden Propheten kommt dabei nur noch eine Statistenrolle zu. Die Presbyter- und Episkopenspiegel runden das Bild ab. Was von den in der Gemeinde Verantwortlichen erwartet wird, entspricht dem konservativ geprägten Leitbild des Familienvaters der antiken Umwelt: Wie soll einer der Gemeinde vorstehen, wenn er sein eigenes Haus nicht »in Ordnung« zu halten und seine Kinder nicht zu »Gehorsam und Anständigkeit« zu erziehen vermag (vgl. 1 Tim 3,4f., sowie Tit 1,7)?

Die Gemeinde selbst wird nach dem Modell des antiken Hauses verstanden, in dem der Amtsträger die Rolle des Familienoberhauptes innehat – der Rest also in die Rolle der ergebenen Ehefrau, der braven Kinder, der gehorsamen Sklaven verwiesen wird.[5] Für die so als »Haus Gottes«, also als patriarchale Institution gedeutete Kirche, wird in Anspruch genommen, daß *sie* der »Stützpfeiler und das Fundament der Wahrheit« ist (1 Tim 3,15) – nicht mehr Christus, wie es Paulus einst in 1 Kor 3,11 in einem gleichfalls auf die Kirche bezogenen Kontext herausstellte.

Wie ein roter Faden durchziehen die Briefe Hinweise auf christliche Gegner, von denen der Verfasser in einer nahezu panischen Angst alle und jeden, vor allem die Frauen, bedroht sieht. Ihnen gegenüber gibt es nur pauschale Polemik und Gesprächsverweigerung; selbst der Amtsträger darf sich auf einen Dialog mit ihnen nicht einlassen: »Wende dich ab von dem heillosen, leeren Geschwätz...« (1 Tim 6,20; 2 Tim 2,16). Ihm obliegt nur noch die Bewahrung der Tradition, der gesunden Lehre, des *depositum fidei*. Die »Lehre« wird zwar durch die Rückbindung an den Apostel rein formal legitimiert, aber nicht mehr inhaltlich bestimmt; so erscheint sie als eine nur noch Gehorsam heischende Leerformel. Die zitierten Texte der

---

5 Wenn in römischen Dokumenten immer noch von dem dem »Lehramt« geschuldeten »kindlichen Gehorsam« gesprochen wird, verrät dies, daß man das Niveau der Pastoralbriefe nicht verlassen hat. Von der Würde und Freiheit eines Christenmenschen ist da wenig zu erkennen.

Tradition erscheinen in ihren Kontexten, wie besonders der Vergleich mit dem echten Paulus deutlich macht, nur noch als Versatzstücke in einem ihnen fremden Geflecht von Mahnungen ohne inneren Zusammenhang (vgl. z. B. 1 Tim 3,16 mit Phil 2,5–11). Mit einer gewissen Wehmut mag man sich da an die Mahnung des Paulus erinnern: »Löschet den Geist nicht aus« (1 Thess 5,19).

Die entmündigte Gemeinde

Auf der anderen Seite steht die entmündigte Gemeinde. Abgesehen von den knappen Schlußgrüßen erscheint sie nur noch als Objekt des apostolischen Dialogs mit den beiden Modellamtsträgern. Der nach Paulus in allen Christen wohnende Geist ist nun spezifisch diesen zugeordnet (vgl. 2 Tim 1,6 f.14). Sie selbst ist geist- und charismenlos geworden. Sie erscheint nur noch als *hörender* Empfänger der durch die Amtsträger vermittelten Lehre (vgl. 1 Tim 4,13.16; Tit 1,9). Ihre vornehmliche und einzige Aufgabe ist nun, im Gottesdienst für alle Menschen, besonders für die »Könige und alle in hervorragender Stellung Befindlichen« zu beten, damit »alle ein Leben in Ruhe und Frieden führen können, fromm und anständig in jeder Hinsicht« (1 Tim 2,1 f. am Beginn der Gemeindeordnung) – die Gemeinde also ein gesellschaftlicher Stabilitätsfaktor. Das gilt auch für die häuslichen Verhältnisse, in denen der Verfasser – wieder in Übereinstimmung mit konservativ-patriarchalen Konzepten der antiken Lehre von der Hausführung – vor allem die Unterwerfung der Frau unter den Mann fordert (Tit 2,4 f., vgl. auch 1 Tim 5,14). Der Wegfall des Gegenseitigkeitsaspekts, mit dem Kol 3,19 und Eph 5,25–32 – gleichfalls unter dem Einfluß einer antiken, aber aufgeschlosseneren Option – zwischen patriarchaler Macht und Gleichheit aller zu vermitteln suchte, veranschaulicht die Zunahme reaktionärer Elemente. Sie be-

stimmen insgesamt das Denken des Verfassers und korre-
spondieren seinem Trend zu einem autoritären Kirchenverständnis.[6]

Das zeigt sich wieder im gemeindlichen Reglement. Wenn
der Verfasser den Männern öffentlich auch nicht viel mehr
als das Beten mit »reinen, zum Himmel erhobenen Händen« (1 Tim 2,8) zugesteht, so richtet sich doch seine nahezu pathologische Aggressivität vor allem gegen die
Frauen. Seiner Meinung nach strotzt das »Weibervolk«
von Sünden und läßt sich von tausenderlei Begierden da-
hintreiben: »Jederzeit wollen sie lernen (ein Wunsch, den
der Verfasser offensichtlich nur negativ beurteilt) und
können doch nie zur Erkenntnis der Wahrheit gelangen«
(2 Tim 3,6f.). Dementsprechend wird der Frau, vor allem
der jüngeren, jede Aktivität in der Gemeinde versagt; nur
dem von ihm wieder nur den älteren Frauen vorbehaltenen
Stand der Gemeindewitwen wird eine gewisse Aktivität,
allerdings nur in dienender Funktion, zugestanden. In der
Gemeindeversammlung ist der Frau Schmuck und vor allem das Wort verboten: »Die Frau soll schweigen und lernen und sich in allem unterordnen.« Waren in den paulinischen Gemeinden noch alle, Männer wie Frauen, am Gebet, an der Prophetie und Eucharistie beteiligt[7], ist den
Frauen nun nicht mehr gestattet, »öffentlich zu lehren
oder sich dem Mann gegenüber zu behaupten«, vielmehr
haben sie sich »still zu verhalten«. Der Verfasser begründet dies zudem noch ideologisch mit fragwürdigen Folge-
rungen aus Gen 2 und 3, wenn er aus Adams Ersterschaf-
fung die Vorrangstellung des Mannes ableitet und im
Rückgriff auf frühjüdische Genesisauslegungen Eva als die

6 Vgl. K. Thraede, Zum historischen Hintergrund der »Haustafeln« des
NT, in: Pietas. FS B. Kötting, Münster 1980, 359–368, hier 366.
7 Vgl. 1 Kor 10,16; 11,4f.; 14,5.13–17.24.26. In 1 Kor 14,33b–36 handelt es sich um eine nachpaulinische Ergänzung auf dem Niveau der Pastoralbriefe.

allein (offensichtlich von der Schlange sexuell) Verführte hinstellt und daher gerade in der geschmückten Frau eine Gefährdung der Männer fürchtet. Nach dem Grundsatz »Man wird dort bestraft, wo man gesündigt hat« büßt sie ihre sexuelle Laszivität durch die Schmerzen des Gebärens, so daß sie allein durch ihre Mutterschaft Rettung finden kann (vgl. 1 Tim 2,9–15).[8]

Die vom Verfasser in den drei Briefen gezeichnete Gemeindeordnung entspricht vorerst noch seinem – offensichtlich von »Kirchen-Ängsten« geleiteten – Wunschdenken, nicht der Realität seiner und der übrigen christlichen Gemeinden. Das Matthäus- und Lukas-Evangelium, die johanneischen Schriften, die Apokalypse, aber auch die Didache, der 1. Clemensbrief oder der Hirt des Hermas (noch 140 n. Chr. in Rom) belegen die vielfältigen Organisationsformen, die zu dieser Zeit in der Christenheit bestanden.[9]

Lesen wir die drei Briefe aus der Perspektive der späteren Geschichte, werden die fatalen Folgen, die sich aus der Liaison mit dem antik-konservativen Patriarchalismus für die christlichen Gemeinden ergeben, schon in diesem Entwurf überdeutlich. Zweifellos versuchte man auf diesem Weg eine Stabilisierung der Gemeinden in den innerkirchlichen Krisen des zweiten Jahrhunderts und angesichts des wachsenden Drucks von außen. Der Preis für das Überdauern wird sehr hoch sein. Gegen seine Intention gerät

8 Vgl. zu den frühjüdischen Prämissen M. Küchler, Schweigen, Schmuck und Schleier. Drei neutestamentliche Vorschriften zur Verdrängung der Frauen auf dem Hintergrund einer frauenfeindlichen Exegese des Alten Testaments im antiken Judentum. Fribourg/Göttingen 1986. Auch Paulus zeigt sich anläßlich des Streites um den Schleier in 1 Kor 11,2–16 von verwandten Vorstellungen abhängig, allerdings bei selbstverständlicher Anerkennung der aktiven Rolle der Frau in der Gemeinde und mit dem, allerdings etwas hilflos wirkenden, Versuch einer christlichen Korrektur in 1 Kor 11,11.

9 Vgl. dazu meinen Beitrag: Priestertum und Amt im Neuen Testament, in: Priesterkirche 49–54, sowie auch die im Anhang genannte Literatur.

dem sicher von redlicher Sorge bestimmten und mit Realitätssinn ausgestatteten Kirchenmann sein Entwurf, der die Schwelle zur kommenden amtskirchlichen Entwicklung markiert, zur Unheilsprophetie.

Das Gemeindekonzept des Paulus als Orientierung

Mag dieses Bündnis mit der Tradition im Sinne Webers in der antiken Gesellschaft tatsächlich damals das Nächstliegende und nahezu unvermeidlich gewesen sein – wir können heute der Frage nicht mehr ausweichen, ob es auch in der modernen Gesellschaft noch das Nächstliegende und geeignet ist, die Fortdauer einer lebendigen Kirche zu gewährleisten. Wird die Kirche dadurch nicht zu einem autoritären Relikt und führt sie so nicht selbst ihren Anspruch, zum Heile der Menschen zu wirken, in den Augen kommender Generationen ad absurdum? Betreiben wir, wenn wir weiter auf diese Karte setzen, nicht selbst den Verfall, den wir allenthalben beklagen?

So gilt es, alternative Modelle zu suchen, die besser geeignet sind, dem Erbe Jesu unter den Bedingungen unserer Zeit eine angemessenere Sozialgestalt zu geben. Meines Erachtens brauchen die in der Kirche Verantwortlichen, aber auch die Gemeinden, die bei diesem Umgestaltungsprozeß als (mit-)verantwortliche Träger kirchlichen Lebens endlich akzeptiert werden müssen, Leitbilder, die den gemeinsamen Bemühungen und Initiativen Perspektive und Kriterien geben.

Wenn ich im folgenden für das paulinische Konzept einer pluralen und solidarischen Gemeinde plädiere, geht es mir nicht um dessen simple Imitation – auch dies wäre heute ein Anachronismus. Ich messe ihm vielmehr eine heuristische Funktion zu, die es möglich macht, im Gespräch mit den Sozialwissenschaften, in denen heute vielfältige Organisationsmodelle entworfen und kritisch reflektiert werden, eine der Idee der christlichen Gemeinde angemessene, aber auch praktikable Form des gemeindlichen Miteinanders zu entwickeln.

Gelänge es, diesem Modell in der Kirche sowohl strukturell als auch im Bewußtsein aller Beteiligten wieder Geltung zu verschaffen, wäre damit eine Chance gegeben, die gegenwärtigen Aporien der pastoralen Situation zu überwinden: Alle könnten sich als Glaubenssubjekte mit ihren individuellen Fähigkeiten anerkannt erfahren. Sie erlebten ihr gemeindliches Miteinander zwar nicht ohne Konflikte und Rivalitäten, gewännen aber die Möglichkeit zu einer schöpferischen Gestaltung der gegenseitigen Beziehungen sowie auch des gemeindlichen und kirchlichen Lebens insgesamt. Von den Amtsträgern, deren Charismenmonopol nun entflochten würde, wäre die Verantwortungsüberforderung, damit aber auch die Angst und die Notwendigkeit zur Flucht in die sie narkotisierende Routine genommen. Sie könnten gelassen sich als ein Glied am Leibe Christi in der solidarischen Verbundenheit mit den anderen fühlen, wären so aber auch in der Lage, sich in ihrer Menschlichkeit, in ihrer spezifischen Begabung wie auch in ihren Schwächen, zu akzeptieren und würden so jene geschwisterliche Akzeptanz erfahren, die sie in der Einsamkeit ihrer klerikalen Rolle oft – von Amts wegen – vermissen müssen.

3. Die verdrängte Alternative

> »Wer die Seligkeit, die sie (die Tradition) in
> manchen ihrer Bilder stets noch verheißt, nicht
> verraten will, die verschüttete Möglichkeit, die
> unter ihren Trümmern sich birgt, der muß von der
> Tradition sich abkehren, welche Möglichkeit und
> Sinn zur Lüge mißbraucht. Wiederzukehren
> vermag Tradition einzig in dem, was unerbittlich
> ihr sich versagt.«
> (T. W. Adorno, Über Tradition, in: Ohne Leitbild,
> Frankfurt 1967, 40f.)

Wir wurden gelehrt, Geschichte aus der Perspektive der
Sieger zu sehen. Das, was sich durchgesetzt hat, soll am
Ende auch noch das »Recht« und die »Wahrheit« auf seiner Seite haben. So werden am Ende die in der Geschichte Unterlegenen auch noch ins Unrecht gesetzt.
Dagegen steht die Einsicht, daß es in der Geschichte immer auch die *andere* Möglichkeit gab und nicht immer
die stärkere Position auch schon die bessere war. Die Geschichte – eine Geschichte der verpaßten Chancen, der
unterdrückten Möglichkeiten, der verdrängten Alternativen.
Das gilt auch für die Kirchengeschichte, und der für sie in
Anspruch genommene »Beistand des Heiligen Geistes«,
der doch wohl *allen* Jüngern Jesu verheißen wurde und
nicht nur einigen wenigen Privilegierten, garantiert auch
nach klassisch römisch-katholischer Lehre nur, daß es in
der Kirche Jesu Christi nicht zum Schlimmsten kommt
(mag es auch oft schlimm genug zugehen). Eine Garantie,
daß es in jedem Fall zu den optimalen Lösungen kam,

gibt es nicht. Eine solch realistische Sicht kirchlicher Wirklichkeit entspricht durchaus der Glaubenseinsicht in die Gebrochenheit jeder geschichtlichen Gestaltwerdung jener mit und in Jesus von Nazaret erschlossenen neuen Möglichkeit menschlicher Existenz: »Wir haben diesen Schatz aber in tönernen Gefäßen...« (2 Kor 4,7).

Welcher Kirche gilt überhaupt die nach Mt 16,18f. dem Petrus gegebene Verheißung, daß sie nicht untergehen werde? Nach der bekannten Stelle sprach Jesus ja bezeichnenderweise von *seiner* Kirche und legte sich damit auf keines der geschichtlich gewordenen Kirchensysteme fest. Wenn diese Stelle schließlich zur Rechtfertigung eines gesamtkirchlichen Führungsanspruchs des römischen Bischofs seit dem 3. Jahrhundert herangezogen wird, so bleibt zu bedenken, daß dieses Verständnis bis zur Reformationszeit nur von den Päpsten selbst bzw. in römischen Dekreten zur Selbstlegitimierung des eigenen Anspruchs geltend gemacht wurde, während sogar in der abendländischen Auslegungstradition das Gros der Theologen entweder der von Origenes begründeten östlichen Deutung auf den *Glauben aller Jünger* oder der augustinischen Deutung des Felsens auf *Christus* folgte.[1]

Dieses Selbstverständnis des römischen Bischofs, das erst durch das Vatikanum I in der Kirche voll durchgesetzt und auch durch das Vatikanum II nicht in Frage gestellt wurde, ist von den christlichen Kirchen des Ostens nie anerkannt worden und wurde durch den Protest der reformatori-

---

1 Vgl. U. Luz, Das Evangelium nach Matthäus II, Zürich–Neukirchen 1991, 472–483. Er verweist dazu auf die wichtige Untersuchung von K. Fröhlich, Formen der Auslegung von Mt 16,13–18 im lateinischen Mittelalter, Tübingen 1963, 117. »Der Primatsbeweis ist... der einzige Ort, an dem (diese Auslegung) ...sich gegen den siegreichen Strom der augustinischen und östlichen Konkurrenzdeutungen behaupten konnte« (ebd. Anmerkung 176). Vgl. zur exegetischen Problematik auch P. Hoffmann, Der Petrus-Primat im Matthäusevangelium, in: Neues Testament und Kirche, FS R. Schnackenburg, Freiburg 1974, 94–114.

schen Kirchen auch im Westen fragwürdig. In der gegenwärtigen Kirchendiskussion bilden das Selbstverständnis einer christlichen Gemeinde, und infolge davon vor allem die hierarchische Struktur der römisch-katholischen Kirche nicht ohne Grund den zentralen Streitpunkt. Das gilt für das innerkatholische, aber auch für das ökumenische Gespräch. Die Differenz im Amtsverständnis gilt als das letzte Hindernis der Einheit.

Die gegenwärtige »Legitimationskrise« des römischen Kirchensystems ist in der *Sache* begründet, mag sie auch aufgrund einer rigiden zentralistischen Kirchenpolitik breiteren Kreisen des »Kirchenvolkes« zur Zeit erst zum Bewußtsein kommen. Dazu trägt nicht zuletzt auch die rasante Entwicklung in den Staaten des sowjetischen Machtimperiums bei. Sie macht den Widersinn jeder Form von Autoritarismus deutlich, mag dieser nun profaner oder geistlicher Natur sein. Soll die römische Kirche seine letzte Bastion in der sogenannten freien Welt bleiben?

So hat J. Blank mit der ihm eigenen Sensibilität in »Evangelium als Garantie der Freiheit« schon 1970 provokant formuliert: Der »Mensch ist kein Objekt totalitärer Gebilde und Mächte, weder einer totalitär und autoritär sich verstehenden Kirche noch einer ähnlich totalitär sich verstehenden und gebärdenden Gesellschaft, weder einer östlichen noch einer westlichen, weder der von heute noch der von morgen.«[2]

Derartige Krisen lassen sich nicht durch Gewaltmaßnahmen erledigen nach Art der Chinesischen Führung auf dem Platz des himmlischen Friedens. Sie fordern eine Grundlagendiskussion, in der das Gewordene, also der real existierende Katholizismus, jenen Ursprüngen bei Jesus von Nazaret, die er ständig zur Rechtfertigung seines Anspruchs heranzieht, konfrontiert wird. Das, was geworden ist, muß sich messen lassen an dem, womit »wir«

2 J. Blank, Das Evangelium als Garantie der Freiheit, Würzburg 1970, 13.

Christen einmal angetreten sind. Der Blick zurück läßt uns zugleich erkennen, daß das Gewordene das Ergebnis eines komplexen Prozesses ist, in dem das jesuanische Erbe unter den Herausforderungen der historischen Situationen und ausgesetzt den vielfältigen Einflüssen des jeweiligen soziokulturellen Milieus seine je neue historische Gestalt fand.[1] Solche Gestaltwerdung ist zweifellos notwendig, um dem jesuanischen Erbe im Wechsel der Zeiten und Kulturen seine Aktualität zu erhalten, doch ist diese immer zugleich auch gefragt, ob sie dem Erbe Jesu tatsächlich die Treue wahrt und ob sie der Herausforderung der eigenen historischen Situation so gerecht wird, daß das Erbe Jesu durch sie den Zeitgenossen tatsächlich vermittelt werden kann. In diesem Sinne frage ich nach den historischen Voraussetzungen für die Ausbildung der das römische Kirchensystem bestimmenden hierarchischen Struktur im 2. Jahrhundert und nach den möglicherweise im Neuen Testament angelegten Alternativen zu dieser Entwicklung, die im Hinblick auf eine zukünftige Gestalt auch der römischen Kirche in Erinnerung gerufen werden müssen.

Die Anfänge der hierarchischen Kirchenstruktur

Die für die spätere Kirchenentwicklung konstitutive »monepiskopale« Gemeindestruktur – *ein* Bischof mit Presbyter (= Ältesten)-Kollegium und Diakonen – läßt sich in den frühchristlichen Gemeinden nicht nachweisen

---

1 Zu den folgenden Ausführungen verweise ich auf meinen Beitrag »Priestertum und Amt im Neuen Testament«, in: Priesterkiche 12–61. Ergänzend nenne ich hier nur H. J. Klaucks Erklärung von 1 Kor 12 in seinem Kommentar zum 1. Korintherbrief, Würzburg 1984, 85–93. Weitere allgemeine Literaturhinweise finden sich im bibliographischen Anhang.

und – sehen wir von den Pastoralbriefen einmal ab – aus dem Gesamtzeugnis des Neuen Testaments nicht begründen. Ihre gesamtkirchliche Durchsetzung erfolgte erst ab der zweiten Hälfte des 2. Jahrhunderts. Als ihr frühester Vertreter kann Ignatius von Antiochien gelten, der ihr in den kleinasiatischen Gemeinden Geltung verschaffen wollte. Umstritten ist, ob eine solche Kirchenordnung schon der pseudo-paulinische Verfasser der Pastoralbriefe anzielt. Mir scheint es wahrscheinlich, doch dürfte diesem Konzept die Realität der Gemeinden, die wahrscheinlich noch kollegial geleitet wurden, nicht entsprochen haben. Die um 140 entstandene Schrift »Hirt des Hermas« bezeugt für die römische Gemeinde noch die Leitung durch ein Ältestenkollegium, dem Episkopen mit Sonderaufgaben zu- und untergeordnet waren.

Die Transformierung der ursprünglich freien personal-charismatischen Jesusbewegung, die von Wanderaposteln und Wanderpropheten mit einer nicht amtlich-institutionellen, sondern persönlich-pneumatischen Autorität getragen war, zur Kircheninstitution hin stellt einen soziologisch notwendigen und auch theologisch legitimen Prozeß dar.[3] Eine charismatische Bewegung bedarf der Institutionalisierung, soll sie die Zeiten überdauern, und sie bedarf schließlich auch der »Großform« Kirche, soll sie nicht zur Sekte werden. Ob allerdings dieser Institutionalisierungsprozeß in »monarchischen« oder »demokratischen« Formen erfolgt, ist mit der Institutionalisierung als solcher nicht vorentschieden.

3 Vgl. W. Schluchter, Max Webers Analyse des antiken Christentums, in: ders. (Hrsg.), Max Webers Sicht des antiken Christentums, Frankfurt 1985, 11–71.

Die Zeugnisse des Neuen Testaments lassen uns die frühe, noch offene Situation erkennen. Der entscheidende Schritt erfolgte durch die Entstehung von Gemeinden in den Großstädten des römischen Weltreiches, die in besonderer Weise mit dem Lebenswerk des Völkerapostels Paulus verbunden ist. Denn erst in den Stadtgemeinden mit ihrer größeren Anzahl von Christen an einem Ort war der Bedarf für die Ausbildung differenzierter Funktionen gegeben. So ist erstmals in Phil 1,1 von *episkopen* (»Inspektoren«, Bischöfen) und Diakonen – allerdings in der Mehrzahl! – in einer Ortsgemeinde die Rede. Die künftigen »Kirchenämter« entstehen hier von der Basis der Gemeinde her, erwachsen aus dem personalen Engagement und der spezifischen Begabung Einzelner (Männer wie Frauen) und bedürfen der Akzeptanz durch die Gesamtgemeinde (vgl. 1 Thess 5,12f.; 1 Kor 16,15f.). Selbst der Gemeindegründer Paulus, der mit charismatischer Autorität seinen Gemeinden gegenübersteht, muß um seine Anerkennung kämpfen. Hier zeigt sich eine Tendenz zur »antiautoritären Umbildung des Charismas«, insofern nun die Gefolgschaft nicht mehr unmittelbar aus der Legitimität des Charismatikers folgt, sondern eines *Legitimationsgrundes* bedarf. In solchem Wandel sieht M. Weber einen der Ursprünge demokratischer Legitimität.[4]

In der zweiten Hälfte des Jahrhunderts gewinnen die Leitungsfunktionen, wenn auch in unterschiedlicher Ausprägung, ihr Profil. Eph 4,11 nennt neben Evangelisten und Lehrern vor allem die Hirten. Die Didache läßt zu Beginn des 2. Jahrhunderts erkennen, wie Episkopen und Diakone in der Ortsgemeinde die Wanderapostel ablösen – unbeschadet der Autorität der Gesamtgemeinde. Vor allem mit der Aufnahme des jüdisch-synagogalen Presby-

4 Vgl. W. Schluchter, aaO. 27.

ter-/Ältestenkollegiums erhält die Gemeindeleitung einen institutionellen Rahmen, dem schließlich auch die ursprünglich freien Dienste des Vorstehers oder Episkopen integriert werden. Ende des 1. Jahrhunderts sind solche *kollegialen* Leitungsformen in verschiedener Ausprägung weithin verbreitet, wie die Apostelgeschichte, der 1. Petrus-, der Jakobus-, sowie auch der aus Rom stammende 1. Clemensbrief und noch später der Hirt des Hermas zeigen.

Daneben bestehen jedoch noch andere Gemeindeformen: Die Johannesapokalypse kennt Gemeinden, die von charismatischen Propheten geleitet werden. In den Gemeinden des Johannesevangeliums dürften Lehrer die entscheidende Autorität gehabt haben; auch der Jakobusbrief nennt sie neben den Presbytern. In der Gemeinde des Matthäusevangeliums sind es christliche Schriftgelehrte. Einen monarchischen Führungsanspruch läßt nur der vom Verfasser des 3. Johannesbriefes heftig attackierte Gemeindeleiter Diotrephes vermuten. Solche Tendenzen stoßen also noch auf Ablehnung.

Vorbehalte gegen den Herrschaftsanspruch des Amtes

Es ist bezeichnend, wie durch die Evangelisten Jesu Forderung des Herrschaftsverzichts kritisch auf die eigene Gemeindesituation bezogen wird. So stellen Markus in 10,42–45 sowie Lukas in 22,24–27 in der Tradition Jesu die Unvereinbarkeit zeitgenössischer Herrschaftsformen mit der christlichen Gemeinde heraus und begründen dies christologisch, indem sie diese Forderung an das allein maßgebliche Vorbild des den Seinen dienenden Jesus binden, der, wie es in Markus 10,45 heißt, »nicht kam, um sich bedienen zu lassen, sondern um zu dienen und sein Leben als Lösegeld für die vielen hinzugeben«. Richtig ist hier erkannt, daß die kirchliche Sozialgestalt nicht losgelöst

von der Geschichte Jesu gesehen werden darf. Christliches
»Amt« kann es daher nicht anders denn als *Dienst* geben,
was in den frühen Zeugnissen noch nicht metaphorisch,
sondern durchaus konkret gemeint ist. In solch herr-
schaftskritischer Tradition warnt auch 1 Petr 5,2f. die
Presbyter vor dem Mißbrauch ihres Amtes zu Bereiche-
rungs- und Herrschaftszwecken.

Am Ende des Jahrhunderts – also kurz vor den Pastoralbriefen – erhebt Matthäus im Namen Jesu sogar einen
grundsätzlichen Vorbehalt gegen jede patriarchale Form
der christlichen Kirchenverfassung. In Absetzung vom jüdischen Rabbinat definiert er in 23,8–11 die Kirche Jesu
exklusiv als Gemeinschaft von Brüdern und wehrt jede
Form von Patriarchalismus in ihr als Usurpation eines
göttlichen Vorrechts ab: »Ihr alle seid Brüder« – »Ihr sollt
keinen Vater nennen« – »Einer nur ist euer Vater, der im
Himmel« – »Einer nur ist euer Lehrer, der Christus«. So
sieht Matthäus am Ende des Jahrhunderts die »Gemeindeordnung«, auf die der Auferstandene selbst die entstehende Kirche aus allen Völkern für immer verpflichtet
(28,20).

Aus der Perspektive des Neuen Testaments ist die Ablösung der bruderschaftlich-kollegialen Gemeindestrukturen durch ein »monarchisches« Amtskonzept im 2. Jahrhundert alles andere als selbstverständlich.

Die Durchsetzung des Bischofsamtes

Zweifellos dürften es die gesellschaftliche Isolation und
Diffamierung der christlichen Minderheiten durch die
heidnische Umwelt, Pogrome und schließlich auch staat-
liche Verfolgung notwendig gemacht haben, die Gemeinden von innen her zu stabilisieren. Die Konzentration auf
das *eine* bischöfliche Leitungsamt kam diesem Bedarf entgegen. Der 1. Petrusbrief ist allerdings ein Beispiel dafür,

daß dies auch geschehen kann, indem man der Gemeinde ihre Würde als »auserwähltes Geschlecht, königliche Priesterschaft, heiliges Volk« (2,9) bewußt macht, sie also von innen her und nicht von oben stabilisiert.

Einfluß auf die Entwicklung hatten sodann innergemeindliche Probleme: Die kollegiale Leitung führte vielfach zu Rivalitätskonflikten, wie z. B. der »Hirt der Hermas« es erkennen läßt. Die gemeindliche Einheit wurde gerade im 2. Jahrhundert zunehmend durch »Irrlehrer«, besonders der gnostischen Bewegung, gefährdet. In dem Maße, wie die von den sich konsolidierenden Stadtgemeinden ins Abseits gedrängten alten charismatischpneumatischen Begabungen eine neue Heimstatt in jenen außergemeindlichen Bewegungen fanden, wurde für die örtlichen Gemeinden das »freie Charisma«, vor allem, wenn es Frauen in Anspruch nahmen, verdächtig. Schon die Pastoralbriefe machen deutlich, wie deren eigentümliche Konzentration auf das *eine* Charisma des Amtes und die damit verbundene Entmündigung der Gemeinde von der Angst vor solchen freien außergemeindlichen Bewegungen gesteuert ist. Zeiten der Krise fördern den »Ruf nach dem starken Mann«.

Der entscheidende Faktor dürfte jedoch gewesen sein, daß die fortschreitende Zeit mit dem Ausbleiben der Parusie nahezu zwangsläufig dazu führte, daß man sich – trotz aller Distanzierung von der Umwelt – in Gesellschaft und Geschichte auf Dauer einrichtete. So kommt es zur »Veralltäglichung des Charismas« und damit zur Anpassung an das zeitgenössische Milieu. Dessen Einfluß ist wiederum schon in den Pastoralbriefen mit Händen zu greifen. Entsprechend der antiken Orientierung des Inhabers öffentlicher Ämter am Leitbild des pater familias wird nun auch der christliche Gemeindeleiter mit den Zügen eines Familienoberhauptes ausgestattet. Zu beachten ist der Einfluß der Verwaltungsstruktur des römischen Imperiums mit dem einen Stadtpräfekten und dem Caesar an der Spitze des Reiches. Damit ist die Rezeption der antik-heidnischen konservativ-patriarchalen Ordnungsmuster in der christlichen Kirche eingeleitet. Sie sind es, die eigentlich die monarchisch-hierarchische Amtsstruktur begründen.

Die Entwicklung wurde schließlich auch theologisch legitimiert: So garantiert für Ignatius der *eine* Bischof als Stellvertreter des *einen* Gottes die Einheit der Gemeinde,[5] ein verbreiteter, theologisch besonders wirksamer Topos ist die (historisch unzutreffende!) Behauptung, daß die Bischöfe von den Aposteln als ihre Nachfolger eingesetzt wurden.[6]

Die Entscheidung für die patriarchale Kirchenstruktur kann, so gesehen, durchaus als das »Gebot der Stunde« angesehen werden. Ihre positive Bedeutung für die weitere Kirchengeschichte läßt sich eindrucksvoll belegen und wurde uns hinlänglich vermittelt. Allerdings können die negativen Folgen dieser Entscheidung nicht unterschlagen werden: Dieselbe Kirchengeschichte belegt bis in die Gegenwart hinein ebenso eindrucksvoll die mit der monarchisch-hierarchischen Kirchenverfassung strukturell gegebene Gefahr des Machtmißbrauchs, der autoritären Pervertierung des Amtes.

Der Preis für das »(über)mächtige Überdauern« der Männer- und Väterkirche sind nicht zuletzt die Diskreditierung der Frau, die Degenerierung der mündigen Gemeinde, die weitgehende Verdrängung der charismatischen Begabungen zugunsten des alle Kompetenzen an sich ziehenden einen Leitungsamtes, die Spaltung der Kirche in Kleriker und Laien, der Ersatz prophetischer Verkündigung durch eine sich zunehmend versteinernde Tradition – bis hin zu den Vielen, die im Namen der »Einheit der Kirche« oder der »Reinheit der Lehre« für

5 Vgl. etwa Magn. 6,1; Trall 3,1.
6 So schon 1 Clem 44,2f.; vgl. aber auch Apg 14,23.

die Erhaltung des Systems geopfert wurden. Am Ende steht der Verlust der Einheit der Kirche.

So bleibt die Frage, ob mit dieser geschichtlichen Entscheidung das durch Jesu Botschaft von dem gütigen, sich dem Menschen vorbehaltlos zuwendenden Gott erschlossene Potential neuer Möglichkeiten menschlicher Existenz seine *optimale Sozialgestalt* gefunden hat. Wo blieb Jesu Rede »von *seinen* Brüdern und Schwestern« (Mk 3,33–35)? Wo die Erinnerung an seine Forderung radikalen Herrschaftsverzichts (Mk 9,35; 10,42 ff.)? Wo die Bindung aller an den *einen* Vater, der sich ohne Unterschied jedem in Güte zuwendet, und das Verbot, irgendeinen in der Gemeinde »Vater« zu nennen?

Die Frage, ob in der noch vorinstitutionellen Phase der frühchristlichen Entwicklung nicht Modelle angelegt waren, durch deren institutionelle Weiterentwicklung dem jesuanischen Erbe angemessener Gestalt gegeben worden wäre, läßt sich nicht umgehen.

Eine frühchristliche Alternative?

Daß in der frühen Christenheit alternative Möglichkeiten angelegt waren, belegt am Anfang der beschriebenen Entwicklung vor allem Paulus, der als der »große Gemeindeorganisator« nicht nur maßgeblich an der Entstehung der christlichen Stadtgemeinde mit ihrer Substruktur von »Hausgemeinden«, der Keimzelle der künftigen Entwicklung, beteiligt war, sondern auch als erster in der Geschichte der Christenheit über die Gestalt der Kirche – ihre »Verfassung« – nachdachte.

Die paulinischen Briefe lassen uns noch eine Kirchensituation erkennen, in der, wie das schon in der Nachfolgegemeinschaft Jesu der Fall war, Männer und Frauen gleichberechtigt an der Mission, aber auch am gemeindlichen

Leben beteiligt sind. Erinnert sei nur an die Junia im Kreise der Ur-Apostel oder an Phoibe, die Gemeindeleiterin von Kenchreae (vgl. Röm 16,1f.7).

Die Gemeinde erfuhr in ihrer Gemeinschaft die die Gesellschaft bestimmenden Gegensätze und die damit verbundenen Diskriminierungen als überwunden: den Gegensatz zwischen den Juden als dem auserwählten Volk und den von Natur aus »sündigen Heiden« (vgl. Gal 2,15); den Gegensatz von Herrn und Sklaven, von Mann und Frau. Die Reihe ließe sich fortsetzen: von Reichen und Armen, von Schwachen und Starken usw. Diese gemeindliche Praxis, die zweifellos nicht ohne Konflikte zu realisieren war, setzt ein Kirchenbild voraus, wie es in einer von Paulus in Gal 3,26–28 bereits übernommenen formelhaften Tradition repräsentativ für den paulinisch-hellenistischen Traditionsbereich zur Sprache kommt.[7]

»Alle seid ihr Söhne Gottes durch den Glauben in Christus Jesus. Denn die ihr auf Christus getauft wurdet, habt Christus angezogen. Da gibt es keinen Juden noch Griechen, da gibt es keinen Sklaven noch Freien, da gibt es nicht Mann und Frau. Denn alle seid ihr Einer in Jesus Christus.«

Durch Glaube und Taufe also sind alle in der Gemeinde Gottes freie Töchter und Söhne geworden (vgl. Gal 4,6f.; Röm 8,15–17). »In Jesus Christus«, d. h. in der durch das Heilshandeln Gottes in Jesus Christus initiierten Geschichte, kann es und darf es die Diskriminierung von Heiden durch Juden (und umgekehrt), der Frauen und Sklaven nicht mehr geben. Die, die Christus »angezogen«, d. h. sich mit ihrer Existenz auf die in Christus erschlos-

---

7 Vgl. G. Dautzenberg, Zur Stellung der Frau in den paulinischen Gemeinden, in: ders. u. a. (Hrsg.), Die Frau im Urchristentum, Freiburg 1983, 182–224, bes. 214–224; H. Thyen, »...nicht mehr männlich und weiblich...« Eine Studie zu Gal 3,28, in: F. Crüsemann/H. Thyen, Als Mann und Frau geschaffen, Gelnhausen–Berlin 1978, 107–221; D. Lührmann, Wo man nicht mehr Sklave oder Freier ist. Überlegungen zur Struktur frühchristlicher Gemeinden, Wort und Dienst 13 (1975) 53–83.

sene neue Lebensmöglichkeit eingelassen haben, gewinnen »in Ihm« ihre neue Identität. Sie sind »neue Schöpfung« – das »Alte ist vergangen« (2 Kor 5,17).

Dieses aus der überwältigenden Erfahrung des Geistes in den frühen Gemeinden entworfene Kirchenbild trägt die Züge einer Vision, in der die endzeitliche Utopie der Aufhebung der die menschliche Gesellschaft bestimmenden Gegensätze in dieser Weltzeit schon vorweggenommen wird. Modern gesprochen wird die Gemeinde hier als Bereich »herrschaftsfreier Kommunikation« erkannt. Daß dies nur in der für die christliche Existenz eigentümlichen Dialektik von Schon und Noch-nicht gelingen kann und daher immer fragmentarisch und in der Praxis gefährdet bleibt, dispensiert die christliche Gemeinde nicht von der Verpflichtung, solches immer wieder zu wagen. Es ist die Realisation des Glaubens an den Gott, der im Sterben Jesu für alle sich als der Gott aller erwiesen hat. Daher darf die Rede von Heil, Erlösung, Gotteskindschaft usw. nicht auf seelische oder jenseitige Sachverhalte beschränkt bleiben. Das gilt auch für uns. Auch heute müßte sich deren Wahrheit darin bewähren, daß solche Würde eines Christenmenschen das gemeinschaftliche Miteinander bestimmt und gerade so Gottes allen geltendes Gnadenhandeln erfahrbar gemacht wird. In den frühchristlichen Gemeinden wurde dies praktische Realität in der aktiven Rolle, die gerade Frauen in den Gemeinden wahrnahmen, in der Tischgemeinschaft und gleichberechtigten Stellung von Sklaven und Herren, Juden und Heiden.

Korinth als Modellfall

Paulus hat als »Gemeindeorganisator« ein spezifisches Missionsprogramm verfolgt, die Gründung von christlichen Gemeinden in den Städten des römischen Imperiums, und war gerade dadurch entscheidend an dem damit einsetzenden Institutionalisierungsprozeß beteiligt. Denn erst in den Städten entstand schon aufgrund der größeren Zahl von Gemeindemitgliedern der Bedarf nach differenzierteren Organisationsformen, aber auch nach dem Ausgleich der rivalisierenden Kräfte in der Gemeinde. Die Krise in Korinth, mit der sich Paulus im 1. Korintherbrief auseinandersetzt, ist dafür der klassische Fall. Sie ist Anlaß, daß Paulus aufgrund der ihm eigenen Sensibilität für kritische Situationen sein Konzept einer charismatischen Gemeinde und damit – am Anfang der Kirchen-Entwicklung – ein Gemeindemodell entwickelt.

In Korinth hatten offensichtlich aufgrund eines einseitig enthusiastisch-pneumatischen Christentumverständnisses einige Gemeindemitglieder das entscheidend-unterscheidend Christliche in der außerordentlichen pneumatischen Begabung, vor allem in der Glossolalie, der ekstatischen Rede, gesehen. So drohte der christliche Glaube nach dem Muster antiker Frömmigkeit in eine enthusiastisch-individualistische Religiosität abzudriften und seine soziale Dimension zu verlieren. Das Selbstverständnis dieser Pneumatiker führte zur »Spaltung«, zum *schisma* der Gemeinde: Eine geistliche Elite stand nun gegen den Rest der Gemeinde, der in eine untere Position abgeschoben wurde. Strukturell gesehen taucht hier erstmals eine Gefahr auf, die die Kirchengeschichte in zahlreichen Spielarten begleiten wird, daß die *Einheit* der Kirche durch ein wie auch immer geartetes innerkirchliches »Zwei-Klassen-System« zerstört wird.

Wenn Paulus im Brief an die ihm fremde Gemeinde in Rom (Kap. 12) die hier entwickelten Thesen weiterführt, wird deutlich, daß auch aus seiner Sicht dem »Modellfall« Korinth grundsätzliche Bedeutung für die Struktur der christlichen Kirche zukommt.

Alle Christen sind »Geistliche«

Paulus stellt diesem elitären Verständnis von Kirche die Grunderfahrung der christlichen Existenz zu Beginn seiner Argumentation in 1 Kor 12,1–3 entgegen. Er beginnt mit einer für uns befremdlichen Erinnerung an vergangene Erfahrungen der Korinther: Als Heiden erlebten sie sich – von dämonischer Macht – zu den Götzen »hingerissen«. Analog dazu – so folgert Paulus – läßt sich auch ihr Bekenntnis zu Jesus nur auf die Kraft des heiligen Gottesgeistes zurückführen (V. 2 f.). Dieser merkwürdige Vergleich soll den Korinthern verdeutlichen, daß die Wirkung des Geistes nicht auf irgendwelche auch noch so erhabene Sonderbegabungen beschränkt ist, sondern die Grundvoraussetzung ihrer neuen Existenz bildet. Damit will Paulus von vornherein der Frage nach den Geistesgaben oder den Geistbegabten, wie auch übersetzt werden kann, den richtigen Standort geben. Nicht einige wenige Erwählte / Berufene sind die Geistbegabten bzw. die »Geistlichen«, sondern alle, die sich zu Jesus bekennen, wie eben auch alle Christen als die von Gott Berufenen gelten. Damit wird ein »elitäres« Geistverständnis »demokratisiert«. Erst auf dieser Basis läßt sich dann von den besonderen Geistbegabungen Einzelner in der Gemeinde sprechen.

Jedem seine Gabe – zum Nutzen aller

Paulus ersetzt im folgenden den umstrittenen Begriff der »Geistesgaben« durch den der »Gnadengaben« (*charismata*). Dadurch werden diese auch terminologisch an den Grundbegriff der paulinischen Rechtfertigungslehre gebunden, nach der der Mensch allein durch Gnade (*charis*) und Glaube, nicht aber durch gesetzliche Leistungen gerechtfertigt wird. In den Gaben gewinnt also Gottes heilschaffende Liebe, mit der er sich allen Menschen vorbehaltlos zuwendet, im Einzelnen ihre je verschiedene individuelle Auswirkung. Dementsprechend formuliert Paulus in Röm 12,6: »Wir haben aber die *charismata* entsprechend der uns geschenkten *charis* in je verschiedener Weise«. Und er verpflichtet jeden einzelnen auf das ihm von Gott zugemessene »Maß des Glaubens« (V 3). Gottes Heilshandeln zielt nicht auf »Uniformität«. Nichts widerspräche ihm mehr als eine kollektivistisch gleichgeschaltete Kirche, ein totalitäres System, eine schablonisierte Christlichkeit. Er läßt der Individualität Raum, er öffnet jedem seine Möglichkeit und bejaht ihn, so wie er ist.

So spricht Paulus in V 4–11 von den *unterschiedlichen* »Zuteilungen« der »Gnadengaben«, »Dienste« und »Kraftwirkungen«. Hinter ihnen steht derselbe Geist, derselbe Kyrios, derselbe Gott. Gerade weil Gott der »alles in allem wirkende« Schöpfer ist, muß auch in der Gemeinde die Vielfalt praktiziert und respektiert werden. Keiner darf sich anmaßen, Gottes freies und souveränes Wirken einzuschränken. Betont heißt es in V 11: »...der jedem in der ihm eigenen Weise zuteilt, so wie er will«! Nur eine Begrenzung läßt Paulus gelten: Die Manifestationen des Geistes sind nicht Selbstzweck, sie dienen nicht der persönlichen Erbauung, sind nicht Ausdruck einer Berufung zu »Höherem«; sie sind vielmehr »Dienste« (V 5), die »zum Nutzen« aller der Gemeinde geschenkt werden (V 7).

Pluralität und Solidarität

Um das Zusammenspiel der damit bejahten Vielzahl von Begabungen und Kompetenzen zu regeln, greift Paulus auf das in der Antike verbreitete Bild vom »Leib« zurück. Die Gemeinde ist für ihn »Leib Christi«. Das heißt aber: die »Einheit in Christus« realisiert sich, wie er in seiner Entfaltung der Metapher zeigt, gerade in dem spannungsvollen Zueinander der zwei Pole *Pluralität* und *Solidari-*

tät. Damit sind die zwei Aspekte genannt, die Paulus mit Hilfe des Bildes vom Leib entfaltet: Pluralität in V 14–19 und Solidarität in V 20–26. Beide Aspekte werden in V 11 als These zusammengefaßt und auf »den Christus« bezogen: »Denn wie der Leib (zwar) *einer* ist und dennoch *viele* Glieder hat, *alle* Glieder des Leibes aber, obwohl sie *viele* sind, *einen* Leib bilden, so ist (verhält es sich) auch mit dem Christus (= Leib der Gemeinde)«. Wenn Paulus in V 13 den Gedanken der Aufhebung der gesellschaftlichen Unterschiede in Christus über Gal 3,28 hinaus mit der Leibmetapher verbindet und auf den *einen* Geist zurückführt, sucht er das In-Christus-Sein vor individualistischer Mißdeutung zu schützen und dessen soziale Dimension abzusichern. Daher fügt er – über Gal 3,27 hinausgehend – betont ein: *in einen Leib* (seid ihr alle getauft), bezieht er das Bild in V 11 ausdrücklich auf »den Christus«, spricht er in V 27 vom »Leib Christi«. Nach Röm 12,5 sind »die Vielen in Christus ein Leib« (vgl. auch 1 Kor 10,17). Paulus setzt also mit dieser Wendung nicht, wie er häufig vom Epheserbrief her mißdeutet wird, Kirche und Christus einfach gleich, vielmehr beschreibt er so die vom In-Christus-Sein bestimmte Existenz der Getauften als *gemeindliche* Existenz.[8]

Die Metapher vom Leib war in der Antike weit verbreitet.[9] Einerseits konnte mit ihr in mythologischer Rede die Ein-

---

8 Vgl. H. Merklein, Entstehung und Gestalt des paulinischen Leib-Christi-Gedankens, in: M. Böhnke / H. Heinz (Hrsg.), Im Gespräch mit dem dreieinen Gott. FS W. Breuning, Düsseldorf 1985, 115–140, aaO. 136. Mit Recht warnt Merklein: »Eine Kirche, die sich unreflektiert oder selbstbewußt als fortlebender Christus (Leib Christi) versteht, schwebt immer in Gefahr, sich selbst soteriologische Kompetenz anzumaßen und, anstatt sich ihres ständigen Angewiesenseins auf Gottes rechtfertigendes Wort bewußt zu bleiben, sich als Heilsmittlerin zu gebärden. So kann es zur grotesken Perversion ihres Standortes kommen, der nach paulinischer Auffassung nirgends anders als am Kreuz sein kann…« (aaO., 139).
9 Vgl. den Exkurs bei Merklein, a.a.O., 124–127, sowie H. Schlier,

heit des Kosmos mit einem Allgott, philosophisch die Verbundenheit der einzelnen Teile mit dem Weltprinzip bzw. der Weltseele beschrieben werden; andererseits diente sie dazu, im Sinn des Organismusgedankens die Rolle des Einzelnen im Staat und dessen Unterordnung unter das Gemeinwohl anschaulich zu machen. Die Stoa hat beide Aspekte verbunden und auf die universale Gemeinschaft aller Menschen bezogen, die in »Sympathie« (das Leitwort wird auch in 1 Kor 12,26 auftauchen) füreinander da sein sollen. Die Gefahr ihrer repressiven Verwendung zur Stabilisierung bestehender Herrschaftsverhältnisse ist vor allem in der zweiten Variante gegeben. So kann gelegentlich auch der römische Caesar als Haupt des Leibes (des Imperiums) bezeichnet werden. In der berühmten Fabel des Menenius Agrippa (Livius 2,32) wird mit ihrer Hilfe den gegen die römische Aristokratie rebellierenden Plebejern ihr Angewiesensein auf jene deutlich gemacht und so die Unterordnung unter jene begründet: Die Glieder geraten selbst in Verfall, wenn sie dem sie ernährenden Magen nicht zu dienen bereit sind.

Daß das Bild auch nach Paulus vor Mißdeutung nicht geschützt war, zeigt die Geschichte der kirchlichen Rezeption des Bildes. Im Epheserbrief – der den späteren Gebrauch des Bildes prägt – wird die Metapher nicht mehr allgemein auf die Gemeinde bezogen wie bei Paulus, sondern damit zugleich auch das Verhältnis zwischen Christus als dem »Haupt« und dem »Leib« der Gemeinde dargestellt (der paulinische Bildgebrauch kennt diese Unterscheidung nicht). Schon in 1 Clem 46,7; 37,5 u. a.) dient das Bild dazu, die Korinther zur Wiederanerkennung der abgesetzten Presbyter und zum »Gehorsam« zu motivieren. Ignatius (Eph 4,1–3) verwendet es, um die Einheit der Gemeinde mit dem Bischof zu begründen. Der spätmittelalterlichen Theologie und Kanonistik wird die Leibmetapher zur Darstellung der rechtlich-hierarchischen Struktur der Kirche, des »Leibes der Kirche«, dienen.[10] In der Bulle »Unam sanctam«

Corpus Christi, in: Reallexikon für Antike und Christentum 3, 439–444, und E. Schweizer, in: Theologisches Wörterbuch zum NT 7, 1025–1042.
10 Vgl. die Kritik J. Ratzingers daran, in: Lexikon für Theologie und Kirche 6, 910 f. Die folgenden Zitate nach H. Denzingers Enchiridion Symbolorum.

Bonifaz' VIII. wird dekretiert, daß es nur »einen Leib der einen und einzigen Kirche gibt« und nur »ein Haupt, nicht zwei Häupter wie bei einem Monstrum: nämlich Christus und den Stellvertreter Christi Petrus, und den Nachfolger Petri« (DS 468). Ist nach dem Epheserbrief Christus das alleinige Haupt des Leibes der Kirche, werden hier mit dem nachdenklich stimmenden Hinweis, die Kirche dürfe nicht einem Monstrum gleichen, das Haupt Christus mit Petrus und Papst in eins gesetzt. Dieses Verständnis bestimmt auch im Ersten Vatikanischen Konzil die Definition des Jurisdiktionsprimats des Papstes. Mit dem Anathem werden diejenigen belegt, die leugnen, daß Petrus »zum sichtbaren Haupt der streitenden Kirche« von Christus eingesetzt wurde (DS 328) und daß kraft göttlichen Rechts »dieser Petrus in seinem Primat über die ganze Kirche« den römischen Bischof in demselben Primat zum Nachfolger« hat (DS 1825). Dementsprechend wird verlangt, daß alle in der Kirche mit dem römischen Bischofssitz zusammenwachsen »wie die durch das Haupt verbundenen Glieder zu dem einen Gefüge des Leibes«. Was in Eph 4,15 im Hinblick auf das Haupt der Kirche, das allein Christus ist, gesagt ist, wird hier nun auf den heiligen Stuhl bezogen. Die hierarchische Mißdeutung des Bildes ist auch in neueren kirchlichen Dokumenten noch belegbar. In der Enzyklika Mystici Corporis Pius' XII. gelten die mit »heiliger Vollmacht« Betrauten als »erste und vorzügliche Glieder« (Nr. 767, 786), und der Papst schließlich als das »sichtbare Haupt« des gesellschaftlichen Leibes der Kirche (Nr. 785), wobei »Christus und sein Stellvertreter auf Erden nur ein einziges Haupt ausmachen« (ebd. im Rückgriff auf Bonifaz VIII.). Auch das Vatikanum II spricht noch vom Papst als »Stellvertreter Christi und sichtbarem Haupt der ganzen Kirche« (Lumen Gentium 3, 18) und reduziert das Bild sogar auf die »hierarchische Gemeinschaft mit Haupt und Gliedern« des Bischofskollegiums (ebd., Art. 21). Die Nota Explicativa Praevia wehren schließlich auch noch »eine Gleichheit zwischen Haupt und Gliedern des Kollegiums« (Nr. 1,2) ausdrücklich ab, um den Vorrang des Papstes als »Haupt des Kollegiums« (Nr. 3,4) in jeder Hinsicht abzusichern.

Paulus gebraucht das Bild gerade mit der gegenteiligen Tendenz. Er argumentiert mit ihm zugunsten der Zurückgesetzten und Schwächeren und stellt in Anerkennung der Verschiedenheit der Glieder die Gleichwertigkeit und Gleichberechtigung aller heraus. Er versteht – modern gesprochen – die Gemeinde als ein Kommunikationssystem, in dem einerseits jeder sich in seiner Individualität voll akzeptieren darf und akzeptiert erfährt, andererseits aber verhindert wird, daß der Einzelne sich absolut setzt – auf Kosten der anderen. Dies setzt einen herrschafts- und damit auch angstfreien Umgang miteinander voraus. So ermutigt er in V 14–19 zunächst gerade die, die sich von den »Überbegabungen« anderer erdrückt erfahren, ihre Bedeutung für das Ganze zu erkennen – in Wissen und Anerkennung der gottgewollten Vielfalt. Umgekehrt werden ab V 20 die, die besonders qualifiziert sind oder sich zumindest dafür halten, in die Pflicht genommen. Sie müssen anerkennen, daß sie auf die (ihnen) wegen ihrer Schwäche »weniger wertvoll zu sein scheinenden Glieder« angewiesen sind und die ihnen »unansehnlicher erscheinenden Glieder« um so größere Ehre verdienen. Paulus macht mit diesen komplizierten Formulierungen die herrschenden Vorurteile deutlich. Es ist Gottes Wille, daß gerade den Zurückstehenden besondere Ehre zuteil wird, damit es – Paulus wechselt vom Bild in die Realität – keine Spaltung, kein *schisma* im Leib gebe, sondern alle in derselben Sorge füreinander verbunden sind. V 26 zeichnet das Ideal: die Gemeinde als ein vom »Klima der Sympathie« bestimmter Bereich,[11] solidarisch im Mit-Leiden, aber auch – ohne Konkurrenzängste – in der Mit-Freude über die Ehre, die einem von ihnen widerfährt (vgl. auch Röm 12,10.15 f.). Paulus überspielt also die bestehenden Unterschiede nicht, er will der Gemeinde helfen, sie positiv zu gestalten.

---

11 In H. E. Richter, Der Gotteskomplex, Hamburg 1979, 239 ff., wird das »Urphänomen Sympathie« zur Voraussetzung für »Solidarität und Gerechtigkeit«; zusammen mit dem »Vertrauen« zählt sie zu den Konstitutiva gelingenden Lebens.

Im Vergleich mit der ersten Charismenreihe in V 8–10 fällt auf, daß Paulus nun in dieser abschließenden Zusammenfassung (V 28) die Reihe erweitert. Offensichtlich ist er bemüht, das zu verallgemeinern, was er zunächst auf die spezifischen Probleme in Korinth hin formulierte.

An erster Stelle nennt er – betont hervorgehoben – die »Urcharismen« der Apostel, Propheten und Lehrer. Als den Trägern der urchristlichen Missionsbewegung war ihnen eine spezifische pneumatische Autorität allgemein zuerkannt, die sie auch gegenüber ihren Gemeinden, wie Paulus selbst es gelegentlich zeigt, anspruchsvoll ausübten. Indem Paulus diese nun in eine Reihe mit den übrigen Charismen stellt, weitet er nicht nur das für die entstehende Ortsgemeinde Gesagte *gesamtkirchlich* aus, er gibt jenen »Urcharismen« zugleich auch einen neuen Standort. Da auch sie Manifestation des einen in *allen* wirkenden Geistes sind, ist ihr Platz nun – wenn auch an hervorragender Stelle – in der Reihe der übrigen Charismen. Damit wird das selbständige Charismatikertum der Frühzeit dem am Modell der Ortsgemeinde entwickelten »Kirchenkonzept« integriert und gerade nicht deren »Sonderstatus« weitergeführt.

Andererseits erweitert Paulus am Ende die Charismenreihe durch die Gabe der »Hilfeleistungen« und der »Steuermannskünste«. Diese Ausweitung bis hin zu solchen in den Augen »echter Pneumatiker« eher unwesentlichen Diensten entspricht seinem Trend, das Charisma »zu veralltäglichen« und auf dem Boden der gemeindlichen Realität anzusiedeln, was in Röm 12 noch stärker zur Geltung kommt (vgl. schon die Devise Röm 12,3). Gabe des Geistes ist dort auch, wenn einer den anderen zu trösten vermag, ihm ohne Hintergedanken hilft, ihm in ungeheuchelter Liebe, in Freundschaft oder Hochachtung begegnet usw. (V 7ff.). Dem Wirken des Geistes sind keine Grenzen gesetzt. Dem entspricht, daß in 1 Kor 13 einfach die Liebe als der »überragende Weg« pneumatischer Existenz aufgewiesen wird.

Mit der Gabe der »Steuermannskünste« werden auch die organisatorischen und administrativen Begabungen dem charismatischen Konzept eingeordnet. Der Gemeindeorganisator Paulus ist Realist genug, die Bedeutung von »Ordnungskräften« und »Organisatoren« für den Aufbau der Gemeinde nicht zu unterschätzen. Im Gegenteil, er stärkt deren Autorität (vgl. 1 Kor 16,15 f.; 1 Thess 5,12 f.), wohl nicht zuletzt, um einem »pneumatischen Chaos« zu begegnen (vgl. 1 Kor 14,33; 1 Thess 5,13 b). Indem er auch ihre Tätigkeit auf den in *allen* wirkenden Geist zurückführt, wertet er sie theologisch auf. Im Hinblick auf die spätere Entwicklung ist jedoch auf die Position zu achten, die Paulus ihnen gibt: Sie stehen nicht aufgrund eines pneumatischen Sonderstatus der Gemeinde gegenüber oder gar über ihr, vielmehr bleiben sie dieser *eingeordnet*. Nirgendwo wird erkennbar, daß an sie die apostolische Autorität delegiert würde, so daß sie als die »Stellvertreter« oder »Nachfolger der Apostel« zu gelten hätten, wie man später postulieren wird. Eine solche Sonderstellung stünde im Widerspruch zum Kirchenkonzept des Paulus. In seiner Sicht kann nur die ganze Kirche als »Nachfolgerin« der von den Aposteln gegründeten Kirche gelten. Auch noch Eph 2,19–20 folgert aus der universalen Friedensstiftung im Kreuzestod Christi: »Daher seid ihr nicht mehr Fremde und Zugezogene, sondern ihr seid Mitbürger der Heiligen und Hausbewohner Gottes, auferbaut auf dem Fundament der Apostel und Propheten, wobei der Hauptstein Jesus Christus selbst ist. In ihm wird der ganze Bau zusammengefügt und wächst zum heiligen Tempel im Herrn, in dem auch ihr mitauferbaut werdet zur Wohnstätte Gottes im heiligen Geist.«

Eine solche Frage ist leicht dem Vorwurf ausgesetzt, daß sie unreflektiert ein in der noch vorinstitutionellen Phase entwickeltes Kirchenkonzept auf die spätere amtskirchliche Institution übertrage. So kann sie von Verteidigern des status quo leicht als anachronistisch diskreditiert und als romantische Schwärmerei belächelt werden. Ist das Problem jedoch so leicht zu erledigen? Zwar ist richtig, daß Paulus bei seinem Konzept noch nicht die spätere voll ausgebildete Großinstitution Kirche vor Augen haben konnte, doch ist nicht zu verkennen, daß auch er eine weltweite Kirche schon im Blick hat und an den Anfängen des (allerdings noch offenen) Institutionalisierungsprozesses steht. Gerade für diese neue kirchliche Situation entwickelt er sein Konzept.

Zudem stellt dieses eben nicht nur eine situationsbedingte Regelung für den Augenblick dar. Es wird aus für ihn *theologisch unaufgebbaren Prämissen* abgeleitet: Gottes *allen* geltendes Heilshandeln, die Einheit *aller* in Christus, die *allen* geschenkte Gabe des Geistes. Handelt es sich bei diesen auch nur noch um für die Kirche längst überholte Anachronismen, die man besser vergessen sollte? Die frühe Kirchenentwicklung zeigt, daß man im paulinischen Traditionsbereich durchaus bemüht war, die sich entwickelnden Amtsstrukturen diesem charismatischen Konzept zu integrieren (Eph 4,4–16; 1 Petr 4,10 f.). Auch Matthäus wird, wie wir bereits sahen, am Ende des Jahrhunderts gerade gegen die Gefahr einer patriarchalistischen Deformierung der Kirche die Gemeinschaft gleichberechtigter Brüder (und Schwestern) als das maßgebliche Zukunftsmodell der Kirche aus allen Völkern bestimmen.

Zweifellos können wir heute nicht die paulinischen Gemeindeverhältnisse naiv imitieren. Es kann nur darum gehen, jenen die »Würde und Freiheit eines Christenmenschen« garantierenden und daher für die Gestalt der Kirche konstitutiven Elementen des paulinischen Konzepts, die in dem langen Institutionalisierungsprozeß der Kirche zugunsten autoritärer Ordnungsmuster verdrängt wurden, in der bestehenden Kirche auch eine *institutionelle* Gestalt zu geben. Nur so kann den Herausforderungen der neuzeitlichen Freiheitsgeschichte eine gültige christliche Antwort gegeben und dem modernen Menschen der Zugang zur Kirche nicht endgültig verstellt werden. Die große Chance des Anfangs, die die Christenheit im 2. Jahrhundert verpaßte, wäre dann eine Chance für die Kirche der Zukunft.

4. Da gilt nicht mehr Priester oder Laie, Mann oder Frau...

»Man wird die Strukturen der Entpersönlichung in der katholischen Kirche im Umgang mit ihren Klerikern indes solange nicht begreifen, als man sie im gewissen Sinne personalisiert und damit relativiert, indem man sie auf das bedauerliche Versagen einzelner, auf die Schwäche oder auf den Machtwillen...oder auch auf die überholten Leitungsformen...zurückzuführen sucht. Nicht um ein individuelles Versagen, sondern um die Unmenschlichkeit eines jahrhundertelang etablierten und mit heiligen Formeln aller Art für sakrosankt erklärten Systems der konsequenten Zerstörung des Individuums auf allen Ebenen persönlicher Existenz geht es.«

»Die katholische Kirche darf uneingeschränkt als dasjenige System gelten, das am konsequentesten, am dauerhaftesten und am erfahrungsreichsten in der Geschichte Europas, ja, einzigartig, wirklich ›exklusiv‹ in dieser Hinsicht in der Geschichte der Menschheit insgesamt, die psychische Entfremdung seiner Mitglieder vorangetrieben und ausgebaut hat.«

(Eugen Drewermann, Kleriker. Psychogramm eines Ideals, 186f. 188)

Die Herausforderung Drewermanns

Der klerikalen Symptom-Beschreibung Eugen Drewermanns wird jeder, der mit dem römisch-katholischen Milieu auch nur einigermaßen vertraut ist, nur zustimmen können. Die wenigen erfreulichen Ausnahmen bestätigen in fataler Weise die Regel. Diese Diagnose weist auf eine Fülle menschlicher Probleme hin, die die dafür Verantwortlichen schwer belasten; ihre theologische wie kirchenpolitische Brisanz gewinnt sie allerdings erst durch die These, daß diese Symptome nicht allein durch die individuelle Biographie der Betroffenen, sondern durch das hierokratische römische Kirchensystem selbst bedingt sind. Sie sind Folge der die römische Kirche bestimmenden klerikalen Machtstruktur, innerhalb derer nicht nur die christliche Gemeinde in die Unmündigkeit gezwungen wird, sondern auch die amtlichen Vertreter selbst – bis in die Spitzen des Systems hinauf – zu dessen Opfern werden, indem ihnen ihre »Vorzugsstellung« nur um den Preis der totalen Unterwerfung unter das System gewährt (das vielfach beschworene »sentire cum ecclesia«) und solche Unterwerfung in der Ausbildung der künftigen Amtsträger durch spirituelle Manipulation und theologische Indoktrination konsequent betrieben wird.

Wem eine solche Diagnose übertrieben erscheint, sei z. B. auf die religionssoziologische Studie von M. Ebertz »Die Bürokratisierung der katholischen ›Priesterkirche‹«[1] oder einfach nur auf die entlarvende Sprache kirchenamtlicher Verlautbarungen verwiesen, zuletzt auf die am 24. Mai 1990 erlassene »Instruktion über die kirchliche Berufung des Theologen«, die dieses autoritäre Selbstverständnis

---

1 In: P. Hoffmann (Hrsg.), Priesterkirche, 132–163. Vgl. auch in dem gleichen Band den Beitrag von H. Wahl, »Priesterbild« und »Priesterkirche« in psychologischer Sicht. Psychoanalytische und pastoralpsychologische Anmerkungen zu einem aktuellen Problem, aaO. 164–194.

der römischen Amtskirche und ihre offensichtliche Unfähigkeit zu einem offenen, ehrlichen Dialog erneut unter Beweis stellt.

Der aufgeklärte Zeitgenosse mag eine solche Diagnose mit einem einfühlenden Bedauern für seine noch-katholischen Freunde oder auch nur achselzuckend zur Kenntnis nehmen: »Was macht schon ein totalitäres System mehr oder weniger aus? Immerhin sind die Zeiten endgültig vorbei, wo die römische Kirche ihren Anspruch mit Feuer und Schwert durchsetzen konnte. Jeder hat heute die Freiheit, nach seiner Façon selig zu werden. Wer sich einem solchen System unterwirft, ist selber schuld...« – Kann sich jedoch tatsächlich eine an der Freiheit und der Würde der Person orientierte Gesellschaft einen solchen Zynismus leisten? Kann es sie im Blick auf die Menschenrechte, aber auch in gesellschaftspolitischer Hinsicht, gleichgültig lassen, daß maßgebliche Teile ihrer Bevölkerung einer autoritären Deformierung ihres »Charakters« ausgesetzt sind? Ist es zu rechtfertigen, daß Angestellte des im Sozialbereich größten Arbeitgebers Kirche in der Bundesrepublik Anstellungsbedingungen akzeptieren müssen, die Eingriffe in ihr Privatleben darstellen, die modernem Rechtsempfinden widersprechen? Kann eine solche Deformierung bzw. Einflußnahme auch noch aus dem allgemeinen Steueraufkommen subventioniert werden?

Für den Christen, dem Jesus von Nazaret und die Gemeinschaft der Glaubenden, die »Kirche« Jesu Christi also, noch etwas bedeuten, betrifft Drewermanns Diagnose Grundfragen seiner Glaubensexistenz. Darf er es noch in einem vermeintlichen »Glaubensgehorsam« hinnehmen, wenn die christliche »Erlösungsbotschaft« durch die »amtskirchliche« Vermittlung bei ihren Verkündigern und Empfängern zu »psychischer Entfremdung«, wie Drewermann diagnostiziert, führt, wenn – biblischer gesprochen – die im Evangelium gegebene Verheißung der Befreiung von den Mächten der Welt zur Unterwerfung unter die Macht einer sich absolut setzenden »Kirche« wird? Muß er nicht Gott mehr gehorchen als den Menschen (Apg 4,19)?

Drewermanns Diagnose wird so zur Anfrage an das Selbstverständnis der römischen Kirche. Auch wer die Radikalität der Diagnose Drewermanns nicht zu teilen vermag, wird sich mit ein paar apologetischen Beschönigungen nicht begnügen können. Drewermann nötigt die innerkirchliche Diskussion – und um diese soll es im Folgenden vornehmlich gehen –, nach der *theologischen Legitimität* der für das römische Kirchenverständnis konstitutiven Elemente zu fragen. Thema ist die sogenannte hierarchische Kirchenstruktur mit der »wesenhaften« Unterscheidung der Kleriker/Priester von den Laien und dem absoluten Führungsanspruch der kirchlichen Amtsträger in Lehre, Gottesdienst und Kirchenregiment, der im Unfehlbarkeitsanspruch und Jurisdiktionsprimat des römischen Bischofs als des »Stellvertreters Christi« und »sichtbaren Hauptes der Kirche« seinen kirchlich universalen Ausdruck findet.

Der »Stiftungswille« Jesu

Indem vom kirchlichen Lehramt diese Kirchenstruktur ausdrücklich auf den »Stiftungswillen« Jesu Christi zurückgeführt und ihr insofern der Charakter »göttlichen Rechts« zugesprochen wird, hat dieses zugleich die Norm benannt, an dem sich sein Kirchenverständnis messen lassen muß: eben jenen »Stiftungswillen« Jesu. Damit aber ist die Kirche bleibend auf ihren *geschichtlichen Ursprung bei Jesus von Nazaret* verwiesen. Schon die Schriften des Neuen Testaments geben diesem Sachverhalt in vielfältiger Weise Ausdruck. Matthäus etwa, wenn der Auferstandene die entstehende Völkerkirche ausdrücklich auf das verpflichtet, was der Irdische seinen Jüngern »geboten« hat (Mt 28,20); Lukas, wenn er im Evangelium und in der Apostelgeschichte den Weg der christlichen Botschaft von Jerusalem bis an die Grenzen der Erde in die Kontinuität mit der Geschichte Jesu stellt: »Es tut not, der Worte des Herrn zu gedenken«, läßt Lukas den Paulus die Presbyter von Ephesus in seiner Abschiedsrede in Milet mahnen (Apg 20,35). Nach Paulus selbst bewahrt allein die Bindung an den Gekreuzigten die Kirche davor, sich triumphalistisch als »ecclesia gloriae«, als »Haus voll Glorie«, wie es in dem altbekannten Kirchenlied heißt, mißzuverstehen und so die geschichtliche Gebrochenheit ihres Wesens zu leugnen, wie die Korintherbriefe deutlich machen; oder auch durch die erneute Unterwerfung unter das Gesetz die in Christus gewonnene Freiheit zu verlieren und so das Evangelium der Gnade zu pervertieren, wie er im Galaterbrief aufzeigt. Auch im Johannesevangelium dient gerade das Bekenntnis zu dem Fleisch gewordenen Logos der Abwehr eines enthusiastischen, die geschichtlich-soziale Dimension ausklammernden Christentumsverständnisses. Wenn in den Spätschriften des Neuen Testaments die Frage nach der wahren »Tradition« zum Thema wird, so zeigt sich auch darin noch das Bemühen, angesichts der erfahrenen Diskontinuität die Kontinuität zum Ursprung zu wahren, mag das auch oft nur partiell gelingen.

Dieses Postulat des Rückbezugs auf den *geschichtlichen* Jesus ist festzuhalten. Wenn man gelegentlich, offensichtlich aufgrund der Einsicht in die Probleme, die der Versuch, die geschichtlich gewordenen Kirchenstrukturen auf die Stiftung Jesu zurückzuführen, den irdischen Jesus durch den »erhöhten Herrn« ersetzt, wird das harte Profil des Irdischen durch ein Kriterium ersetzt, das sich jeder Kontrolle entzieht. Vor allem dann, wenn einige wenige das Interpretationsrecht dessen, was der »Erhöhte« will, für sich allein reklamieren und sich einem Diskurs nicht aussetzen, ist der Gefahr des ideologischen Mißbrauchs der Tradition Tür und Tor geöffnet.

Angesichts dieses Befundes kommt daher der Rückbindung an den irdischen Jesus und seine Botschaft, auch wenn weder die hermeneutischen Probleme der historischen Rückfrage noch die Notwendigkeit der ständigen Übersetzung seiner Botschaft übersehen werden können oder dürfen, entscheidende Bedeutung für den Überlieferungsprozeß zu. Das, was geworden ist auf dem Weg in der Geschichte, muß sich messen lassen an jenem »Neuen«, das in der vielfach gebrochenen Glaubensgeschichte Israels in Jesus von Nazaret und seinem prophetischen Wirken seinen Ursprung hat, als eine neue Weise der Gotteserfahrung und eine neue Weise menschlicher Lebensgestaltung. Jesu Bildwort von dem »neuen Wein« in »neuen Schläuchen« (Mk 2,22) gibt diesem Sachverhalt drastisch Ausdruck und warnt zugleich vor dem Versuch, diesen »neuen Wein« wieder in »alte Schläuche« abzufüllen. Es ist die für die Mächtigen in Welt und Kirche gefährliche »Jesus-Erinnerung«, die in der Tradition der Kirche zwar bewahrt, aber, wie die Kirchengeschichte zeigt, zugleich immer auch der Gefahr ausgesetzt ist, durch ihre »Vermittler« pervertiert zu werden.

Die hier anstehende Aufgabe läßt sich mit der 6. geschichtsphilosophischen These Walter Benjamins illustrieren. »Vergangenes historisch artikulieren heißt nicht, es erkennen ›wie es denn eigentlich gewesen ist‹. Es heißt, sich einer Erinnerung bemächtigen, wie sie im Augenblick einer Gefahr aufblitzt... Die Gefahr droht sowohl dem Bestand der Tradition wie ihren Empfängern. Für beide ist sie ein und dieselbe: sich zum Werkzeug der herrschenden Klasse herzugeben. In jeder Epoche muß versucht werden, die Überlieferung von neuem dem Konformismus abzugewinnen, der im Begriff steht, sie zu überwältigen. Der Messias kommt ja nicht nur als der Erlöser; er kommt als der Überwinder des Antichrists. Nur *dem* Geschichtsschreiber wohnt die Gabe bei, im Vergangenen den Funken der Hoffnung anzufachen, der davon durchdrungen ist: *auch die Toten* werden vor dem Feind, wenn er siegt, nicht sicher sein. Und dieser Feind hat zu siegen nicht aufgehört.«[1]

Die Geschichtlichkeit der Kirche

Ehe wir den durch Drewermann aufgeworfenen Fragen nach dem priesterlichen Amtsverständnis und der hierarchischen Kirchenstruktur nachgehen, ist eine grundsätzliche Problematik aufzugreifen. Die Frage: »Wie hat Jesus Kirche gewollt?« übersieht, daß Jesus offensichtlich die Gründung einer Sondergemeinde in Israel – etwa durch die Sammlung eines heiligen Restes, wie der Lehrer der Gerechtigkeit in Qumran – nicht intendierte, und daher erst recht die Stiftung einer von Israel geschiedenen, alle Völker umfassenden kirchlichen Institution nicht in seinem Gesichtskreis liegen konnte. Sein Ziel war die Bekehrung ganz Israels. Der Zwölferkreis gibt diesem Anspruch symbolisch Ausdruck. Er darf nicht als Kern einer Sondergemeinschaft mißdeutet werden. Die Einbeziehung der Heidenvölker in das von ihm angesagte Basileia-Geschehen mag er sich, wie Mt 8,11 f. vermuten läßt, nach dem traditionellen Modell der endzeitlichen Völkerwallfahrt vorgestellt haben, das er kritisch gegen die sich seiner Botschaft verweigernden Volksgenossen wendet: »Ich sage euch: Viele werden vom Aufgang und Niedergang kommen und mit Abraham, Isaak und Jakob im Königtum Gottes zu Tisch liegen. Die Söhne des Königtums aber werden hinausgeworfen...« Daß es zur Entstehung einer Sondergruppe von Jesusanhängern und schließlich zur

1 In: Zur Kritik der Gewalt und andere Aufsätze, Frankfurt 1965, 81.

Entstehung der christlichen Kirche kam, ist durch die Ablehnung bedingt, die sowohl Jesus als auch die nachösterliche Predigt der Jünger in Israel fanden. Diese führte, wie die Apostelgeschichte anschaulich zeigt, zur Vertreibung der diasporajüdischen Gruppe von Jesusanhängern aus Jerusalem und damit zur Bildung zunächst judenchristlicher »Gemeinden« außerhalb Palästinas und schließlich zu der Heiden und Juden umfassenden christlichen Ekklesia. Es ist bezeichnend, daß die Jesusanhänger erstmals in Antiochien den Namen »Christen« erhielten (Apg 11,26). Offensichtlich wurden sich die heiden-/judenchristlichen Gruppen erst in der religiös-pluralen Situation der hellenistisch-römischen Großstädte ihres Sonderstatus – gerade auch in Differenz zur jüdischen Synagoge – bewußt. Der Streit des Paulus mit seinen judenchristlichen Gegnern um die Beschneidung, wie er ihn vor allem im Galaterbrief darstellt, läßt die Krise erkennen, die der Anspruch auslöste, daß Heiden allein kraft des Glaubens an Jesus Christus ohne die von der Tora geforderte Beschneidung, also ohne die volle Integration in den jüdischen Volks- und Religionsverband, der Abrahams-Verheißung teilhaftig werden und damit als die »Kinder der Freien« (Gal 4,26) zu Israel gehören. Wenn Lukas in seiner Retrospektive diesen Weg allzu geradlinig auf die göttliche Vorsehung zurückführt, den die Jüngerschaft auf Weisung des Auferstandenen hin unter der Führung des heiligen Geistes zielstrebig ging, verharmlost seine nachträgliche theologische Deutung die historischen Konflikte und Spannungen, die diesen Weg begleiteten, und damit auch dessen historische und theologische Kontingenz.

Die simplen historischen Daten sind für das theologische Verständnis der Kirche entscheidend. Sie machen unmißverständlich das *geschichtliche »Wesen« der Kirche* deutlich, sowohl unter »heilsgeschichtlichem« Aspekt – sie entsteht aus der Glaubensverweigerung Israels (vgl. dazu Röm 11,17–24) – als auch was ihre konkrete historische

Gestaltwerdung betrifft. Kirche kann sich immer nur als »église provisoire« verstehen.[1] Nicht nur die frühchristliche, sondern auch noch die spätere Kirchengeschichte dokumentiert, wenn wir sie in ihrer Ganzheit betrachten und nicht den weströmischen Strang der Entwicklung willkürlich isolieren, die tatsächliche Vielfalt kirchlicher Erscheinungsformen. Die Institutionalisierung der ursprünglich freien charismatischen christlichen Bewegung war als soziologisch unausweichlicher und theologisch legitimer Prozeß anzuerkennen, wie die Quellen erkennen lassen, war jedoch die konkrete Gestalt, zu der dieser Institutionalisierungsprozeß führte, gerade auch von zeitbedingten historischen und sozialen Faktoren abhängig, also wesentlich geschichtlich bedingt. Das gilt vor allem auch für die Ausbildung der patriarchal-monarchischen Kirchenstruktur im 2. Jh., wie wir schon sahen. Schon die Pastoralbriefe lassen diesen Anpassungsvorgang erkennen. Die zunehmende Entmündigung der Gemeinde zugunsten des *einen* Amtes ging dabei Hand in Hand mit der Unterdrückung und Diffamierung der Frau in Kirche und Familie.[2]

Es kann daher nicht genügen, zur theologischen Rechtfertigung der gegenwärtigen Struktur der römischen Kirche, die ihrerseits ja erst das Ergebnis der späteren, äußerst komplexen und nicht unangefochtenen Entwicklung der westlichen Christenheit ist, sich auf die Pastoralbriefe zu berufen, die sich ja mit diesem Kirchenverständnis bestenfalls im »patriarchalen« Amtskonzept, aber nicht mit dessen sonstiger Ausgestaltung berühren. Die Frage nach der sazerdotalen Fassung dieses Amtes schließlich muß ganz außer Betracht bleiben, da sich dafür, wie noch zu zeigen sein wird, im Neuen Testament *kein* Anhaltspunkt findet.

1 Damit nehme ich das Leitwort der Ekklesiologie Christian Duquocs auf: Des Églises provisoires, Paris 1985 (= Kirchen unterwegs, Fribourg 1985).
2 Vgl. dazu oben S. 58–65 sowie 48–53.

Neben dem und gegen das Amtskonzept der Pastoralbriefe stehen jedoch im Neuen Testament sowohl die kollegialen Leitungsgremien der »Ältesten« (*presbyter*) in den Gemeinden des Lukas (Apg 20), des 1. Petrus- oder des Jakobusbriefs, oder auch die Trias von »Evangelisten, Hirten und Lehrern« in Eph 4, die dem noch charismatisch geprägten paulinischen Gemeindemodell eingeordnet werden. Gegen jenes Amtskonzept steht vor allem Paulus selbst mit der Akzeptanz einer Vielzahl gleichwertiger charismatischer Begabungen und Dienste in 1 Kor 12 und Röm 12. Gegen jenes spricht vor allem aber auch das matthäische Postulat einer »bruderschaftlichen Kirche« mit dem Verdikt jeglichen patriarchalen Autoritätsanspruchs in ihr, wie es der Evangelist in 23,8–11 im Hinblick auf die entstehende Kirche aus allen Völkern erhebt.

Die faktische Pluralität der neutestamentlichen Gemeinde- bzw. Kirchen-Modelle und die historische Bedingtheit jeder kirchlichen Gestaltwerdung gestatten es aus historischen wie theologischen Gründen daher nicht, eines der gewordenen Modelle absolut zu setzen oder gar das Entstandene allein durch seine Faktizität theologisch gerechtfertigt zu sehen. *Kriterium* für die im Laufe der Kirchengeschichte sich ausbildenden Verfassungsformen kann daher nur sein, ob diese Formen unter der Herausforderung ihrer eigenen historischen und kulturellen Situation dem Erbe Jesu *angemessen* Gestalt geben.

Das unaufgebbare Erbe des Jesus von Nazaret

Hier ist nochmals an den ersten Beitrag zu erinnern. Es kann für Jesus, wie schon für seinen Lehrer Johannes den Täufer, als charakteristisch gelten, daß für beide angesichts des erwarteten endzeitlichen Kommens Gottes die traditionellen Heilsgarantien und Erwählungstraditionen Israels hinfällig sind: »Gott kann aus diesen Steinen hier dem Abraham Kinder erwecken« (Mt 3,9). Das kommende Gericht deckt die Heilsverlorenheit aller auf. Alle sind schuldig (Lk 13,1–5), und nur in der Anerkennung dieser Wahrheit ist Rettung, Rechtfertigung vor Gott möglich (Lk 18,10–14a). Doch gerade angesichts dieser totalen Verlorenheit des Menschen und der den Mächten des Bösen ausgelieferten Welt erweist sich Gott – und das ist die Mitte der Botschaft Jesu – als der in *unbedingter Güte* dem Menschen Entgegenkommende. Der kommende Gott wird als der gegenwärtig wirkende, der Ferne als der Nahe, der Richter als der Retter erfahren. Gott ist der Hirte, der sich freut, das Verlorene zu finden. Er ist der gütige Vater, der dem verlorenen Sohn entgegeneilt und der weiß, was der Mensch braucht, ehe dieser ihn darum bittet.

Mit dem Begriff »Königsherrschaft Gottes«, der sowohl die weltumfassende Herrschaft des Schöpfers als auch Gottes die Welt von den Mächten des Bösen befreiendes endzeitliches Herrschaftshandeln meint, gelingt es Jesus, weisheitlichen Schöpfungsglauben und apokalyptische Zukunftserwartung miteinander zu verbinden. Dadurch aber wird gerade die den Mächten des Bösen ausgesetzte Geschichte als der Ort wiederentdeckt, wo der Mensch Gott und seinem befreienden Handeln *unmittelbar* begegnet. Gottes Gegenwart ist daher nicht mehr an heilige Zeiten, Orte und Institutionen gebunden: »Die Herrschaft Gottes ist mitten unter euch« (Lk 17,21). Gott macht seinen am Dornbusch dem Mose offenbarten Namen endgültig wahr: Er ist da, und läßt sich in souveräner Freiheit in der Weise seiner Anwesenheit nicht festlegen. Jesu auf die familiäre Umgangssprache zurückgreifende Gottesanrede »Abba« gibt diesem Sachverhalt einer neuen *Unmittelbarkeit* prägnanten Ausdruck.

Solche Unmittelbarkeit macht irgendwelche *heilsmittleri-*

schen Instanzen überflüssig. So kann, wie Jesus in den Antithesen der Bergpredigt aufweist, die Mose-Tora Gottes Willen nicht mehr angemessen Ausdruck geben. Der Mensch ist in seinem Herzen, das meint in der Mitte seines Wesens, von Gott betroffen und muß sich ganz von diesem, ihm unmittelbar begegnenden Gott beanspruchen lassen. »Was ihr dem Geringsten meiner Brüder getan habt, habt ihr mir getan« (Mt 25,40). Solche »Radikalisierung« der Tora bedeutet zugleich Befreiung vom Buchstaben des Gesetzes. Das Gesetzbuch Gottes ist die Welt und die Geschichte des Menschen. Sie liefern die Buchstaben, in denen der Mensch Gottes Willen entdecken kann. Es geht um nicht weniger als um die Ablösung eines Ethos des Gesetzesgehorsams, das immer in Gefahr steht, den Menschen sich selbst zu entfremden und gerade so die Erfüllung des Willens Gottes unmöglich zu machen, durch ein Ethos freier Verantwortung. Jesu radikale Theonomie macht den Menschen unabhängig von jeder Heteronomie. Auch der Tempel samt seinem Opferkult verliert die Bedeutung, die ihm im zeitgenössischen Judentum als dem zentralen Ort der Gegenwart Gottes und Sühnestelle des Volkes zukommt.

Solche Befreiung des Menschen von jeder ihn sich selbst und Gott entfremdenden Macht geschieht im Zeichen der Herrschaft Gottes als der *Herrschaft der Güte*, mit der sich Gott einem jeden Menschen zuwendet. Ihre Folge ist daher die volle Akzeptanz eines jeden Menschen und eine alle ohne Ausnahme umfassende Solidarität. So macht Jesus vor allem jene neuralgischen Bereiche gesellschaftlichen Lebens zum Thema, in denen der Mensch in der Gefahr steht, die ihm durch Gott ermöglichte neue freie geschöpfliche Existenz zu pervertieren: die Beziehung zu den Armen und den in der Gesellschaft Marginalisierten, die Beziehung zum Feind und – in bezeichnender Umkehrung der Stoßrichtung – die Beziehung der Mächtigen und Herrschenden zu den Unterdrückten.

Die Freiheit, zu der der Gott Jesu den Menschen befreit, steht im Widerspruch zu den diese Welt bestimmenden Herrschaftsverhältnissen.[3] Mit der zeitgenössischen Apokalyptik erwartet Jesus deren endzeitliche Überwindung: »Die Ersten werden die Letzten, die Letzten werden die Ersten sein«, (Mk 10,31; Mt 19,30; 20,16; Lk 13,30, vgl. auch Lk 1,51–53). Jesus bleibt jedoch bei dieser Zukunftsansage nicht stehen: Die gegenwärtige Gottesherrschaft verlangt auch die gegenwärtige Überwindung der von Ober- und Unterordnung, von Vorrang und Prestige bestimmten hierarchischen Gesellschaftsstrukturen: Wer der Erste oder groß ist oder es werden möchte, soll zum Letzten, zum Sklaven, zum Diener aller werden (Mk 9,35; 10,42–45; Mt 20,25–28; 23,11; Lk 22,24–27). Die Rezeptionsgeschichte der Sprüche in den frühen Gemeinden zeigt, daß sich die Tradenten des gesellschaftskritischen Potentials dieser Forderung bewußt waren, zugleich aber auch gerade die christliche Gemeinde – im Gegensatz zu ihrer Umwelt – als den Bereich ansahen, in dem diese die Gesellschaft bestimmenden Strukturen der Vor- und Unterordnung grundsätzlich überwunden sind: »Bei euch sei/ist es nicht so!«. Diese Forderung wird christologisch begründet: Es ist der den Seinen – bis zur Todeshingabe – dienende Jesus, der es verbietet, die Dienste in der Gemeinde zur Herrschaftsausübung zu mißbrauchen. Der Widerspruch zur Rezeption solcher Strukturen für die Gestaltung der innergemeindlichen Beziehungen ist ein grundsätzlicher. In dieser Tradition werden auch noch in 1 Petr 5,3 die die Gemeinde leitenden Ältesten vor dem Mißbrauch ihrer Autorität gewarnt: »Weidet die Herde Gottes bei euch… nicht wie solche, die sich in ihrem Bereich als Herren aufführen«, und wird von allen ein Umgang miteinander in »bescheidener Selbsteinschätzung«

3 Vgl. zu folgendem P. Hoffmann/V. Eid, Jesus von Nazareth und eine christliche Moral, Freiburg ³1978, 186–256.

geordert (V. 5). Vor allem Matthäus hat in Konfrontation mit einem rabbinischen Autoritätsverständnis in 23,8–12 die christliche Gemeinde als Bruderschaft definiert und den in ihr Verantwortlichen die Inanspruchnahme patriarchaler oder lehramtlicher Autorität verboten: »*Einer nur ist euer Lehrer und Meister: Christus – einer nur ist euer Vater: der im Himmel – ihr alle aber seid Brüder.*« Der Lehrer in der Gemeinde bleibt »Jünger« der Gottesherrschaft (13,52). Die dem Petrus nach 16,19 als erstberufenen Jünger und Garanten der Jesusüberlieferung zugesprochene Binde- und Lösegewalt wird daher in der Gemeinde nicht durch einen speziellen Amtsträger wahrgenommen, sondern kommt allen zu (18,18). »Wo zwei oder drei in meinem Namen versammelt sind, bin ich mitten unter ihnen« (18,20).

Aus dieser jesuanischen Vorgabe ergeben sich im Hinblick auf die anstehende Diskussion vor allem zwei Maximen für die Verwirklichung von Kirche. Sie lassen sich mit den Stichworten *Gottunmittelbarkeit* und *Herrschaftsfreiheit* umschreiben. Im Folgenden soll an Texten des paulinischen Traditionsbereichs exemplarisch verdeutlicht werden, wie »in der Diskontinuität der Zeiten und Kulturen« diese jesuanischen Vorgaben in der frühen Kirche Gestalt fanden.

Solidarische Gemeinschaft von Freien

Wenn Paulus, wie heute weithin angenommen wird, in Gal 3,28 (vgl. 1 Kor 12,13; Kol 3,11) einen für seinen Traditionsbereich repräsentativen Grundsatz kirchlichen Selbstverständnisses zitiert, belegt dieser Text, wie die jesuanische Grundidee einer neuen menschlichen Gemeinschaft, ohne daß ein direkter traditionsgeschichtlicher Zusammenhang im einzelnen nachgewiesen werden muß, unter den Bedingungen des hellenistischen Milieus rezipiert wurde.[4] Als Söhne und Töchter Gottes finden die in der christlichen Gemeinde zusammengewürfelten Menschen verschiedenster Herkunft und sozialer Stellung eine neue Identität, durch die sie die aus ihrer Sicht die Gesellschaft bestimmenden Diskriminierungen »in Christus« aufgehoben erfahren: *»Da ist (und gilt) nicht Jude oder Heide, nicht Sklave oder Freier, nicht männlich oder weiblich. Denn alle sind Einer in Christus.«* Sie sind »neue Schöpfung«, »das Alte ist vergangen, Neues ist entstanden« (2 Kor 5,17).

Solche Aussagen tragen die Züge einer endzeitlichen Utopie, die sich zweifellos unter den Bedingungen der menschlichen Geschichte nur in Widerspruch und Gebrochenheit realisieren lassen. Paulus selbst belegt dies, wenn er in Korinth anläßlich der sich vom Schleier emanzipierenden korinthischen Frauen in jüdische Vorurteile zurückfällt (1 Kor 11). Dennoch bestimmt diese Vision einer neuen Gemeinschaft die kirchliche Realität, wie generell die gleichberechtigte Beteiligung von Juden und Heiden, Sklaven und Freien, Männern und Frauen an der Missionsarbeit, am gemeindlichen Leben, speziell auch am Gottesdienst zeigen. Die Quellen belegen eindeutig die aktive Rolle der Frauen in allen genannten Bereichen. Erinnert sei nur an Phöbe, die verantwortliche Leiterin der Gemeinde von Kenchreae oder die Junia im Kreise der Urapostel (Röm 16,1 f.7) und die vielen anderen in der Gemeindearbeit sich abmühenden Frauen (ebd.). 1 Kor 11,5 zeigt, daß den Frauen in Prophetie und öffentlichem Gebet die gleiche Stellung wie den Männern in der Gemeindeversammlung zukam. Diese neue Freiheit ist nicht ohne Konflikt zu haben. Eindrücklich dokumentiert dies am Anfang der Kirchengeschichte das sogenannte Aposteltreffen in Jerusalem (Gal 2,1–10), bei dem Jakobus, Ke-

4 Vgl. dazu schon oben S. 65–67.

phas und Johannes als Vertreter der Jerusalemer Gemeinde und die durch Paulus und Barnabas vertretenen Heidenchristen gegen den Widerstand extrem traditionalistischer Judenchristen zur gegenseitigen Anerkennung fanden. Für die Tischgemeinschaft von Juden und Heiden riskiert Paulus in Antiochien den Bruch mit Petrus und Barnabas »um der Wahrheit des Evangeliums willen« (Gal 2,11–14). Wenn bei der Herrenmahlfeier in Korinth der offensichtlich wohlhabendere Teil der Gemeinde nicht auf die später kommenden Armen wartet, sondern das eigene Mahl vorwegnimmt, wird die Spaltung, das *schisma* der Gemeinde betrieben, ist dies Ausdruck der »Verachtung der Gemeinde Gottes«. Das Vermächtnis Jesu verlangt – bis in anscheinende Belanglosigkeiten hinein – die volle Akzeptanz der Würde aller Beteiligten, duldet keine Ungleichheiten. Andernfalls wird man schuldig am Leib und Blut des Herrn, feiert man »unwürdig« (1 Kor 11). In der Mitte der christlichen Gemeinde steht nicht der einem Priester vorbehaltene Altar, sondern der »Tisch des Herrn«, der in der Teilhabe an dem *einen* Brot, das *alle* segnen, die vielen zu *einem* Leib verbindet (1 Kor 10,16f. 21).

Wie diese gleiche Würde aller in der Gemeinde angesichts der Gefährdung durch rivalisierende Kräfte konkret zu realisieren ist, wird in 1 Kor 12 anläßlich des elitären Selbstverständnisses korinthischer Pneumatiker, die für sich einen besonderen Status beanspruchten, grundsätzlich zum Thema. Paulus sieht die Gefahr, daß die Einheit der Gemeinde zu einer Art Zwei-Klassen-System verkommt. Um diesem »Ur-Schisma« (12,25) zu wehren, interpretiert er mit Hilfe der in der Antike verbreiteten Metapher des Leibes diese Einheit der Gemeinde als das repressionsfreie, von »Sympathie« (V 26) bestimmte Zusammenwirken einer Vielzahl unterschiedlicher, aber grundsätzlich gleichwertiger Begabungen und Dienste. Die Akzeptanz dieser gottgewollten Pluralität und die Bereitschaft zu gegenseitiger Solidarität erweisen sich dabei als die konstitutiven Elemente seines Gemeindeverständnisses, dem in seiner Sicht, wie die Aufnahme dieser Vorstellungen in Röm 12 zeigt, offenbar grundlegende Bedeutung für die christliche Kirche zukommt.

In der Tat zeigt die paulinische Argumentation, daß sein Kirchenkonzept nicht ein situationsbedingtes Zufallsprodukt darstellt, sondern aus den Grundüberzeugungen des christlichen Glaubens entwickelt ist: Es gründet in Gottes *allen*, Juden wie Heiden, sich zuwendendem Heilshandeln, im stellvertretenden Tod Jesu für *alle*, in dem *allen* gleichermaßen geschenkten Geist, in der *allen* zugesagten Freiheit und Würde der Söhne und Töchter Gottes. Mißt man an diesem Maßstab das Kirchenbild der Pastoralbriefe und das ihrer Rezipienten, läßt sich die Frage nicht umgehen, was diese wohl noch mit dem Erbe des Nazareners verbindet.

Der eine Mittler und Priester

Einer eigenen Erörterung bedarf die Frage der kultisch-sakralen Uminterpretation des frühchristlichen Aufseher / Episkopen- und Ältesten / Presbyter-Amtes, durch die aus dem Gemeinde-Ältesten (griechisch: *presbyter*) im allgemeinen römisch-katholischen Verständnis wieder der Priester (griechisch: *hiereus*) als Heilsvermittler im Sinn der allgemeinen Religionsgeschichte wurde.[5] Wie wir sahen, führte das jesuanische Verständnis der in der Geschichte gegenwärtigen Basileia und der so erschlossenen

---

5 Zu dem äußerst vielgestaltigen Umformungsprozeß des »Priesterbildes« im Laufe der Kirchengeschichte, vgl. E. L. Grasmück, Vom Presbyter zum Priester. Etappen der Entwicklung des neutestamentlichen katholischen Priesterbildes, in: Priesterkirche, 96–131.

Unmittelbarkeit der Gottesbeziehung zu einer kritischen Auseinandersetzung mit der jüdischen Tora- und Kultfrömmigkeit und zu einer zwar nicht expliziten, aber faktischen Ablehnung von Tora und Tempel. Wie hat die frühe Gemeinde diese Kritik weitergeführt?

Der jüdische Vorwurf gegen Stephanus, wie er in Apg 6,13 f. von Lukas berichtet wird, läßt erkennen, daß offenbar vor allem in dem Kreis der aus dem Diasporajudentum stammenden Christen Jerusalems – die Apostelgeschichte nennt sie die »Hellenisten« – Jesu Gesetzes- und Tempelkritik weitergeführt wurde. Wenn allerdings schon Jakobus, Kephas und Johannes der Gemeinde von Jerusalem als die »Säulen« galten (Gal 2,9), ist zu vermuten, daß sich bereits auch der aramäischsprachige Teil der Jerusalemer Urgemeinde als der neue, nicht von Händen geschaffene Tempelbau Gottes verstand. Die Verwendung einer solchen Metaphorik setzt[6] einen Gegensatz zum Jerusalemer Tempel voraus. Vielleicht hat also Lukas in Apg 2,46 mit seiner Bemerkung: »Sie verharrten täglich einmütig im Tempel« das Verhältnis der Jerusalemer zum Tempel zu harmonisch gezeichnet, implizierte das »Brotbrechen in den Häusern« auch eine distanziertere Einstellung zum Jerusalemer Opferkult und Priestertum.

Im hellenistischen Traditionsbereich ist die metaphorische Übertragung der Tempelvorstellung auf die christliche Gemeinde selbstverständlich geworden, wie Paulus selbst, der Epheserbrief und der 1. Petrusbrief erkennen lassen. Die Bekehrung zum Christentum bedeutete also nicht nur die Abkehr vom heidnischen Götzendienst, sondern den grundsätzlichen Bruch mit der antiken, jüdischen wie heidnischen, offiziellen Religionsausübung, für die der heilige Bezirk des Tempels mit seinen Priestern und dem

---

6 Auch in der Qumran-Gemeinde wird ähnlich von der eigenen Gemeinschaft gesprochen und damit diese in Gegensatz zum pervertierten Jerusalemer Tempel gestellt.

Opferdienst konstitutiv waren. Gerade als tempel-, altar-, opfer- und priesterlose Gemeinschaft waren die Christen bis ins 3. Jh. hinein dem heidnischen Vorwurf des Atheismus ausgesetzt.[7]

Eine solche Einstellung ist *christologisch* begründet. Dank des einen Mittlers Jesus Christus und seines stellvertretenden Todes für die Vielen bedarf die christliche Gemeinde der vielen Priester und vielen Opfer ihrer vorchristlichen Vergangenheit nicht mehr. In diesem Grundsatz der einzigen Mittlerschaft Jesu sehen auch noch die Pastoralbriefe die Verkündigung des Paulus als des Lehrers der Völker in »Glaube und Wahrheit« zusammengefaßt: »Denn es ist ein Gott, und auch ein Mittler zwischen Gott und den Menschen: der Mensch Christus Jesus. Er gab sich als Lösegeld für alle…«. (1 Tim 2,5 f.).

Nach der von Paulus in Röm 3,25 f. zitierten Überlieferung, die auf die frühe hellenistisch-judenchristliche Gemeinde, vielleicht auf den Stephanuskreis in Jerusalem zurückgeht, hat Gott Christus in seinem Kreuzestod als Sühnemittel (*hilasterion*) eingesetzt. Das genaue Verständnis dieses Ausdrucks ist umstritten. Jesu Sterben kann damit, wie schon der Tod der makkabäischen Märtyrer (4 Makk 17,21 f.), als Sühnopfer für die Sünden des Volkes gedeutet worden sein. Der Ausdruck läßt sich aber auch, wie es schon Origenes tat, auf die *kapporät* beziehen, die Goldplatte auf der alttestamentlichen Bundeslade, auf die der Hohepriester im Ritual des großen Versöhnungstages das Opferblut zur Sühne für die Sünden des Volkes sprengte (Lev 16). *Beide* Deutungen stimmen darin überein, daß in dieser Tradition der Tod Jesu das einzig entscheidende Sühnehandeln Gottes ist. Mit Recht sieht daher U. Wilckens hier bereits die »Abrogation« des jüdischen Kultes und damit den entscheidenden »Bruch ur-

---

7 Vgl. dazu N. Brox, Zum Vorwurf des Atheismus gegen die alte Kirche, in: Trierer theologische Zeitschrift 75 (1966) 274–282.

christlicher mit der zeitgenössisch-jüdischen« Religion gegeben. Das Urchristentum wußte »den Tempelkult grundsätzlich außer Kraft gesetzt..., weil umfassende, eschatologisch-gültige Sühne allein im Tode Christi Ereignis geworden ist«.[8]

Im Hebräerbrief wird dieser Deutungsansatz weitergeführt: Gott selbst hat Christus die Würde des Hohenpriesters übertragen (5,5), und als dieser Hohepriester ist Christus in das himmlische Heiligtum eingetreten und hat durch seinen Tod ein für allemal bleibende Sühne geschaffen (vgl. besonders 9,11–28; 10,1–18). Gegen die vielen wiederholungsbedürftigen und unwirksamen Opfer irdischer Priester steht das *eine* Opfer des *einen* Priesters, das eine ewige Sühne bewirkte. Die Vorläufigkeit und das Ende der jüdischen Opfer, aber damit jeglichen Opferkultes, ist von daher erwiesen. Die christliche Gemeinde kann nur *einen* Priester kennen, nämlich den Hohenpriester Christus. Die vielen Priester und ihre zahllosen Opfer gehören endgültig der Vergangenheit an. Mit Recht faßt daher E. Gräßer[9] die theologische Zielsetzung des Autors des Hebräerbriefs dahingehend zusammen, daß »der sich ›ein für allemal‹ selbst als Opfer darbringende und in das himmlische Allerheiligste eingehende Hohepriester... das Ende des Kultes als Heilsweg« ist. »Leitendes Interesse« des Autors ist gerade also nicht, »eine neue christliche Kultpraxis in dogmatischer Absicht zu kreieren«.

Kraft dieses Sühnehandelns ist nun der christlichen Gemeinde ein für allemal der *freie Zugang* zum Heiligtum eröffnet, den sie mit Freimut wahrnehmen darf (Hebr 10,19; vgl. 4,16, aber auch Eph 3,12). Dieser Aspekt, daß kraft des Christusgeschehens dem Christen der *freie, unmittelbare Zugang zu Gott* erschlossen ist, ist für das christliche Selbstverständnis zentral. Er verwehrt es, die

8 Vgl. Der Brief an die Römer, Bd. I, Zürich–Neukirchen 1978, 240.
9 An die Hebräer, Zürich–Neukirchen 1990, 25 f.

durch den irdischen Jesus erschlossene Gottunmittelbarkeit sekundär durch eine möglicherweise gutgemeinte, aber dennoch falsche christologische Engführung zu unterlaufen. So kennt die frühe Kirche auch kein Gebet zu Christus; vielmehr betet sie durch Christus zum Vater: Es ist der Vater Jesu Christi und ihr Vater, sein Gott und ihr Gott (vgl. Joh 20,17), dem sie sich direkt zuwenden darf. So ist es nur konsequent, daß Paulus, gerade um diese neue Gottesbeziehung zu beschreiben, etwa in Röm 8,15, wieder auf die Gottesanrede Jesu zurückgreift: »Ihr habt nicht den Geist der Knechtschaft wieder zur Furcht empfangen, sondern den Geist der Sohnschaft, in dem wir rufen: Abba, Vater« (vgl. ebenso Gal 4,6f.). Der Dienst des neuen Bundes, wie ihn Paulus in 2 Kor 3,4–18 im Kontrast zum tödlichen Buchstabendienst des Mose beschreibt, stellt den Christen in die Freiheit des Geistes und läßt alle »mit unverhülltem Angesicht die Herrlichkeit des Kyrios widerspiegeln« und so »in diese selbst hinein verwandelt werden«. Ziel des Erwählungshandelns Gottes ist, daß alle dem Bilde des Sohnes gleichgestaltet werden, damit er der Erstgeborene unter vielen Brüdern (und Schwestern) sei (Röm 8,29, vgl. auch Phil 3,21). Es ist notwendig, sich solcher und ähnlicher neutestamentlicher Aussagen zu erinnern, gerade um der in religiösen Institutionen gegebenen Gefahr zu wehren, daß diese Würde und Freiheit der Glaubenden dadurch zunichte gemacht wird, daß die Institution selbst oder einzelne in ihr wieder zwischen den Glaubenden und seinen Gott treten. Auch der Apostel, der sich seiner apostolischen Vollmacht durchaus bewußt ist, kann daher seinen Auftrag nur als Dienst an diesem Glauben begreifen, womit gerade eine solche Respektierung der Glaubenssouveränität gemeint ist. »Wir wollen nicht als Herren über euren Glauben auftreten; vielmehr sind wir Mitarbeiter eurer Freude« (2 Kor 1,24, vgl. auch die Selbstkorrektur des Paulus in Röm 1,11f.).

»Tempel Gottes« und »königliche Priesterschaft«

Wenn in der christlichen Überlieferung von der Gemeinde als ganzer oder auch vom einzelnen Christen metaphorisch als »Tempel Gottes« gesprochen wird (vgl. 1 Kor 3,16 f.; 6,19; 2 Kor 6,16; Eph 2,21; 1 Petr 2,5), ist dies als Ausdruck der durch Christus der Gemeinde gegebenen *Gottunmittelbarkeit* zu werten. Nach Röm 12,1 besteht der wahre »geistige / vernünftige Kult« (*logike latreia*), wie Paulus in Aufnahme hellenistisch-philosophischer Kultumdeutung formuliert,[10] gerade darin, daß die Christen *ihre* »Leiber« Gott »als lebendiges, heiliges, Gott wohlgefälliges Opfer darbringen«.

Man wird eine solche Aussage nicht spiritualistisch mißverstehen dürfen; es handelt sich eher um eine »Somatisierung« (Verleiblichung) des Kultes.[11] Die Christen vollziehen diesen Kult in ihrer *leibhaftigen* Existenz. E. Käsemann hat daher zurecht vom »Gottesdienst im Alltag der Welt« gesprochen.[12] Damit ist aber die antike Scheidung des Heiligen vom Profanen aufgehoben; ein besonderer »Priesterstand« ist überflüssig geworden, denn alle in der Gemeinde sind Träger dieses Gottesdienstes. Dementsprechend kann Paulus seinen missionarischen Dienst wie auch die Geldspende der Philipper mit Hilfe alttestamentlicher Opferterminologie umschreiben (vgl. Röm 15,16; Phil 2,17; 4,18).

Auch nach dem Hebräerbrief vollziehen alle Christen in ihrem Leben einen priesterlichen Dienst (12,18) und bringen Gott das Lobopfer dar (13,15). Gutestun und Ge-

---

10 Vgl. dazu U. Wilckens, Der Brief an die Römer Bd. III, Zürich–Neukirchen ²1989, 4–6.
11 Vgl. W. Radl, Kult und Evangelium bei Paulus, in: Biblische Zeitschrift 31 (1987) 58–75, hier 62.
12 In: Exegetische Versuche und Besinnungen, II, Göttingen 1964, 198–203. Vgl. auch ders., Amt und Gemeinde im Neuen Testament, aaO. I, Göttingen ⁶1987, 109–134.

meinschafthalten sind die Opfer, die Gott wohlgefallen (13,16). Der Ort der Nachfolge ist »außerhalb des Lagers«, d. h. im Bereich der Profanität, wie auch Jesus außerhalb des Tempels und der heiligen Stadt sein Sühneopfer darbrachte (vgl. 13,12 f.).

Im 1. Petrusbrief und in der Johannesapokalypse wird schließlich in Aufnahme spätdeuteronomistischer Theologie die Aussage von Ex 19,6 »Ihr sollt mir ein Königreich von Priestern und ein heiliges Volk sein«, in der bereits ganz Israel zum priesterlichen Volk Jahwes unter den Völkern erklärt wurde,[13] auf die christliche Gemeinde als ganze übertragen. Abgesehen von der priesterlichen Deutung des Heilswerkes Jesu wird also im Neuen Testament von Priestern nur in solcher Metaphorik und nur in Bezug auf alle Christen von »Priestern« gesprochen.

In 1 Petr 2,4–10 steht die Aussage in einem Zusammenhang, der deutlich an die paulinische Tradition erinnert. Als »lebendige Steine« soll sich die Gemeinde zu einem »pneumatischen Haus« aufbauen lassen. Sie ist also der von Gottes Geist geschaffene und erfüllte neue Tempel, in dem die Christen als »heilige (Gott zugeeignete) Priesterschaft« ihren priesterlichen Dienst vollziehen, indem sie »pneumatische Opfer« darbringen, die Gott durch Jesus Christus wohlgefällig sind. Wieder dürfte hier an den christlichen Lebensvollzug gedacht sein, der zugleich als Zeugendienst in der Welt begriffen wird (V. 9).[14]

Das in Ex 19,6 vorgegebene Herrschafts- und Priestermotiv bildet auch ein konstitutives Element des Gemeindeverständnisses der Johannesapokalypse. Mit dessen Hilfe wird sowohl die gegenwärtige als auch die zukünftige Heilsexistenz der Gläubigen beschrieben. Kraft des sühnenden Todes Jesu sind *alle* Gläubigen in der Taufe zur

13 Vgl. L. Perlitt, Bundestheologie im AT, Neukirchen 1969, 175 f.
14 Vgl. dazu den Kommentar von N. Brox, Der Erste Petrusbrief, Zürich ³1989, 94–110.

»Königswürde« bzw. zu einem »Königtum« und zu »Priestern für Gott« bestellt worden (Offb 1,6; 5,10). Als »Priester Gottes und des Christus« werden sie mit Christus im tausendjährigen messianischen Reich (20,6) und auch im neuen Jerusalem »in Ewigkeit herrschen« (22,5, vgl. 5,10). In der Schlußvision der Apokalypse wird, ohne daß die Erlösten ausdrücklich Priester genannt würden, erst deutlich, worin deren priesterliche Funktion besteht: »Und der Thron Gottes und des Lammes wird in ihr (der Stadt Jerusalem) sein, und seine Knechte werden ihm dienen, und sie werden sein Angesicht schauen, und sein Name steht auf ihren Stirnen« (22,3 f.). Mit dem neuen Jerusalem ist Gottes Thron, also der Ort seiner Anwesenheit, aus der himmlischen Entrücktheit endgültig auf die neue Erde gekommen. Wurde in jüdischer Überlieferung eine endzeitliche Erneuerung des Tempels erwartet, gibt es nach Johannes in dem neuen Jerusalem keinen Tempel: »Denn der Herr, der Gott, der Allherrscher, ist ihr Tempel und das Lamm (21,22, vgl. 21,3). Die kubische Form der Stadt (21,16) erinnert an die Form des Allerheiligsten. Daraus folgt aber, daß die Stadt selbst Ort der Gegenwart Gottes ist. So können die Erlösten nun Gott *unmittelbar* dienen und sein Angesicht schauen (vgl. auch 7,15). Möglicherweise erinnert der Gottes-Name auf ihrer Stirn an das Diadem des Hohenpriesters, der im jüdischen Kult als einziger das Allerheiligste betreten durfte. Dann würde Johannes diesen endzeitlichen Dienst der Getauften als hohenpriesterlichen begreifen. Diese priesterliche »Symbolsprache zielt auf die jeden Kult transzendierende, unmittelbare Erfahrung der Anwesenheit Gottes«.[15] *Gottunmittelbarkeit* und *Dienst* bestimmen die Vorstellung vom christlichen Priestertum der Gemeinde. Johannes nimmt

15 Vgl. U. B. Müller, Die Offenbarung des Johannes, Gütersloh–Würzburg 1984, 183, sowie: E. Schüssler Fiorenza, Priester für Gott. Studien zum Herrschafts- und Priestermotiv in der Apokalypse, Münster 1972, 401.

den seinen Lesern vertrauten Begriff des Priesters auf, macht aber zugleich deutlich, wie von der eschatologischen Erfüllung her die für ihn konstitutiven Elemente des Tempels, der Heilsmittlerschaft und der heiligen Opfer aufgehoben und auf den Gedanken des »Sich-Gott-nahendürfens« konzentriert sind. Kraft der allen geltenden Verheißung braucht die christliche Gemeinde daher keine Priester, keine Tempel und keine Opfer, vielmehr sind *alle* zu Priestern bestellt. Auch der damit verbundene Herrschaftsgedanke ist umfassender Ausdruck heilvoller, befreiter »königlicher« Existenz.

Überschauen wir nochmals den neutestamentlichen Gesamtbefund, so ist die theologische Aussage eindeutig. Die metaphorische Redeweise von Kult, Tempel, Opfer und Priester ist in der Sache begründet. Sie ist Ausdruck jener neuen Gottunmittelbarkeit, in der sich die frühe Christenheit durch das eschatologische Heilshandeln Gottes in Jesus von Nazaret gestellt weiß. Sie gründet letztlich in Jesu Basileia-Botschaft. Ort von Gottes endzeitlichem Befreiungshandeln ist die Geschichte, Ort des christlichen Gottesdienstes kann daher nur die Profanität der Welt sein, in der die christliche Gemeinde in ihrer Existenz Zeugnis von diesem Heilshandeln Gottes zu geben hat. Weil Gott sich jedem Menschen vorbehaltlos zuwendet, werden alle heilsmittlerischen Instanzen überflüssig. Der Mensch Jesus Christus ist der einzige Mittler und Priester, insofern und gerade weil er die Menschen in solche Gottunmittelbarkeit stellt. Damit ist jeder Form von Priestertum der Abschied gegeben, sofern damit die Vorstellung eines sakralen Sonderstatus oder einer heilsmittlerischen Funktion intendiert ist. Träger allen gemeindlichen, auch des »gottesdienstlichen« Handelns kann nur die Gemeinde, die Kirche als ganze kraft des allen verliehenen Geistes sein. Das schließt selbstverständlich eine Differenzierung der Funktionen in der Gemeinde nicht aus. Diese findet jedoch ihre Grenze dort, wo aus dem Dienst für alle die

Herrschaft über die anderen und aus der übernommenen Aufgabe ein Sonderstatus abgeleitet wird. Die Idee eines von den übrigen Gemeindemitgliedern »seinsmäßig« unterschiedenen Klerikerstandes, für den kraft der Weihe der alleinige Führungsanspruch oder eine heilsmittlerische Kompetenz postuliert werden, findet im Zeugnis des Neuen Testaments keine Stütze. Im Gegenteil: Er steht zum Neuen Testament *in klarem Widerspruch*, gerade weil er die durch Jesus von Nazaret gewonnene Unmittelbarkeit der Gottesbeziehung aufhebt. Ein solches Christentumverständnis bedeutete in der Tat, den »neuen Wein« in »alte Schläuche« abzufüllen, mag dies auch durch feingesponnene Distinktionen abgesichert und dogmatisch vermittelt werden.

An dieser Stelle muß ich abschließend vom Neuen Testament her auch gegen Drewermanns Versuch einer Neuinterpretation der priesterlichen Funktion Einspruch erheben. Zweifellos kannte schon die frühe Gemeinde die Gabe der Heilung, bezog man die gegenseitige Hilfe nicht nur auf die materielle, sondern auch auf die psychische Not eines Menschen. In diesem Sinn ist in der christlichen Gemeinde in der Tat auch für die von Drewermann geforderten therapeutischen Funktionen Raum. Wenn er jedoch die *presbyteriale* Funktion als *therapeutische* interpretiert, wird das Presbyteramt in seiner Bedeutung für die Gemeinde nicht nur zu einseitig verstanden, sondern zugleich auch die Gefahr produziert, daß der presbyteriale Dienst wieder *heilsmittlerisch* – sei es nun in der Rolle des Therapeuten, Arztes oder Gurus – mißverstanden wird. Damit ist aber die neue personale Unmittelbarkeit der Gottesbeziehung, die ja auch nach Drewermann für die biblische Tradition spezifisch ist, nicht ausreichend zur Geltung gebracht. Mir scheint es daher sinnvoller und der Überlieferung gemäßer, den episkopalen bzw. presbyterialen Dienst als Dienst an der *Einheit der Gemeinde* zu beschreiben. Begreifen wir diesen Dienst auf der Grundlage des paulinischen Konzepts einer charismatischen Gemeinde, das jedem die Chance gibt, sich und seine Begabung zum Nutzen aller in der Gemeinde einzubringen, dann verhindern wir die klerikale Überforderung, sich ständig als der Allein-Verantwortliche und Allein-Zuständige begreifen zu müssen. Durch eine solche »Entflechtung« des klerikalen Monopols könnte es gelingen, daß auch der künftige Presbyter als Mensch und Christ den Mut zu seiner Identität und damit zu jener Freiheit findet, die es ihm ermöglicht, die befreiende Wirkung des Evangeliums auch anderen zu vermitteln, statt nur als Repräsentant eines autoritären Apparates zu fungieren. Dies setzt allerdings bei jedem Einzelnen den Mut zur Selbstwerdung und zum »Maß seines Glauben« (Röm 12,3) voraus.

5. Von der Kirche der Priester zur Kirche des Volkes

> *»Wir sind das Volk.«*
> *(Parole bei den Leipziger Montags-*
> *demonstrationen 1989)*

Ich lasse mich bei den folgenden Überlegungen vor allem von der Frage leiten, wie sich aus der Perspektive des Neuen Testaments christliche Gemeinden und – in Korrespondenz dazu – christliche Gemeindeleiter zukünftig verstehen könnten. Wie die geschichtliche Erfahrung lehrt, wird sich hier, an der Basis der Kirche, und nicht in den höheren Etagen der Kirchenbürokratie, auch wenn sich dort die Zentren kirchlicher Machtverwaltung befinden, erweisen, ob die christliche Gemeinde in der modernen Gesellschaft noch lebensfähig ist. Es kann also nicht darum gehen, den Priester als Gemeindeleiter, der selbst das schwächste und – rechtlich betrachtet – schutzloseste Glied in der Kette der kirchlichen Hierarchie ist, zu diskreditieren. Vielmehr ist nach einer Gestalt des priesterlichen Dienstes zu suchen, die dem neutestamentlichen Paradigma der Gemeinschaft der Schwestern und Brüder Jesu gerecht wird und ihm einen effizienteren Dienst in der Gemeinde ermöglicht. Dies bedeutet nicht nur für die betroffenen Priester, sondern auch für die Gemeinden den mühsamen Prozeß gegenseitigen Verstehens und gemeinsamen Lernens.

Der Exeget kann hierfür durch seine Erinnerung an die Vorgaben der neutestamentlichen Überlieferung nur einen bescheidenen Beitrag leisten. Er mag mit mehr oder weniger Geschick die neutestamentlichen Perspektiven ausfindig machen. Die konkrete Gestalt der zukünftigen

Gemeinde wird jedoch nicht nur von ihrer christlichen oder pseudochristlichen Erbmasse, sondern von den sozio-kulturellen Bedingungen der modernen Gesellschaft bestimmt. Die christliche Gemeinde bildet keine Insel der Gottseligkeit in einer dann gern als gottlos apostrophierten Umwelt; sie ist vielmehr Teil dieser Welt und auf vielfältige Weise, ob sie will oder nicht, mit ihren Chancen und Kalamitäten verflochten. »Es gibt kein richtiges Leben im falschen«: Dieser Aphorismus T. W. Adornos in den Minima Moralia gilt auch für die christliche Kirche.

Der vorliegende Entwurf stellt also, indem er die neutestamentlichen Vorgaben auf eine mögliche Zukunftsgestalt der Kirche hin weiterzuentwickeln versucht, nur die eine Seite eines zweipoligen Prozesses dar. Er bedarf – auf der anderen Seite – der Bewußtmachung der gegenwärtigen Situation und ihrer gesellschaftlichen Bedingungen sowie der schöpferischen kritischen Vermittlung beider. Auch dies geht nicht ohne wissenschaftliche Analyse und Reflexion. Das Experiment Kirche von morgen wird aber erst gelingen, wenn die Gemeinden und ihre Leiter selbst sich auf diesen Vermittlungsprozeß einlassen: dem unaufgebbaren Erbe Jesu verpflichtet und solidarisch mit sich selbst und ihrer Welt.

Kirche als Volk Gottes unterwegs

Wenn wir auch für den Weg von der charismatischen Bewegung Jesu zur Amtskirche soziologische Gesetzmäßigkeiten voraussetzen müssen – eine charismatische Bewegung bedarf der Institutionalisierung, soll sie die Zeiten überdauern, und sie bedarf schließlich der »Großform« Kirche, soll sie nicht Sekte werden und der Gefahr einer Selbstghettoisierung erliegen –, so darf doch aufgrund des historischen Befundes nicht übersehen werden, daß die entstandenen Institutionsformen von den jeweiligen soziokulturellen Prämissen und geschichtlichen Konstellationen abhängig sind. Rein soziologisch betrachtet sind monarchische und demokratische Formen der Herrschaft gleichmögliche Ergebnisse des Institutionalisierungsprozesses. Die Geschichte der christlichen Kirchen belegt die Bandbreite der Alternativen.

Der Befund läßt auch eine theologische Deutung zu. Die Pluralität ekklesialer Verfassungsformen hängt wesentlich mit der Geschichtlichkeit der Offenbarung zusammen. Die durch Jesus vermittelte Gotteserfahrung zielte nicht nur auf eine neue Gottesbeziehung, sondern zugleich auch auf eine neue Weise menschlichen Miteinanders und führte insofern *notwendig* zur Bildung von Gemeinden. Welche konkrete Gestalt diese fanden, war in vielfacher Hinsicht eine Folge des freien Spiels geschichtlicher Kräfte, zugleich jedoch auch abhängig vom Ursprungsimpuls Jesu, der den christlichen Gemeinden – mehr oder weniger – ihre charakteristische Gestalt gab.

Insofern haben die entstandenen Formen ihr historisches Recht und ihre theologische Legitimität. Der gläubige Christ wird auf dem Weg der Kirche durch die Geschichte immer wieder die Spuren des ihr verheißenen Geistes entdecken. Allerdings darf diese gläubige Sicht nicht dazu führen, die Augen vor den Defiziten zu verschließen, die eben auch mit dem geschichtlichen Prozeß verbunden sind. Defizitär kann die entstandene historische Gestalt sowohl hinsichtlich des Erbes Jesu sein, das es im Prozeß der Überlieferung weiterzuentwickeln gilt, als auch hinsichtlich der Herausforderung der geschichtlichen Situation, sei es aufgrund billiger Anpassung oder aber auch aufgrund blinder Verweigerung, durch die das Überkommene zum tödlichen Buchstaben verkommt und die lebenstiftende erneuernde Kraft des Geistes erstickt wird.

Für unser christliches Selbstverständnis besagt dies, wir

haben uns auch heute als »Volk Gottes unterwegs« auf der Wanderschaft durch die Geschichte zu begreifen. Der Exodus ist bleibendes Thema der Kirche. Das verlangt von uns den Mut zu ständigem Wandel. Das Wort Jesu: »Wer sein Leben liebt, wird es verlieren – wer es verliert, wird es gewinnen« (Mk 8,35) umschreibt unser persönliches Lebensgesetz, aber auch das der Kirche.

Gemeinschaft der Schwestern und Brüder Jesu

Im Zentrum des Wirkens Jesu steht die Erfahrung der unbedingten Güte Gottes, mit der sich Gott vorbehaltlos einem jeden Menschen zuwendet und so mitten in dieser bösen Weltzeit seine Herrschaft Gegenwart werden läßt. Indem Jesus Armen und Entrechteten Gottes Recht zuspricht, indem er Kranke heilt und mit Sündern und Diffamierten Gemeinschaft hat, macht er Gottes Gnadentat seinen Mitmenschen konkret erfahrbar und eröffnet ihnen neue Lebensmöglichkeiten. Seine Weisungen werden wir dann nur als den Versuch verstehen können, Menschen zu einem dieser Güte gemäßen Handeln zu bewegen und so – unter den noch herrschenden Verhältnissen dieses Äons – die Chance einer neuen Weise des Umgangs miteinander wahrzunehmen. Unbeschadet der historischen Diskontinuität, die zwischen Jesu Reichspredigt und der späteren Kirche besteht, ist damit das *Urdatum der Kirche* gegeben – als jener Bereich, in dem Gottes Gnade unter Menschen und durch Menschen konkret erfahrbar werden könnte.

Jesus zeigt eine überraschende Sensibilität für jene neuralgischen Punkte zwischenmenschlicher Beziehungen, an denen der Mensch in Gefahr ist, den Mitmenschen als Objekt seiner Interessen zu mißbrauchen oder selbst so mißbraucht zu werden. So überrascht es nicht, daß in seiner

Botschaft die Frage der Machtausübung und Herrschaft über andere zum Thema wird. Mit der jüdisch-apokalyptischen Tradition weiß er, daß die herrschenden Verhältnisse nicht die wahren sind: Gott wird die Letzten zu Ersten und die Ersten zu Letzten machen (Mk 10,31 u. a. vgl. auch Lk 1,51–53). Doch auch hier bleibt er bei der apokalyptischen Zukunftsvision nicht stehen. Im Zeichen der anbrechenden Gottesherrschaft fordert er die Ersten und Großen bzw. die, die es werden wollen, auf, zu Letzten, zu Sklaven aller zu werden (Mk 9,35; 10,421–45; Mt 18,4; 20,25–28; 23,11; Lk 9,48; 22,24–27). Das meint nichts anderes als die Überwindung der die Welt bestimmenden Herrschaftsstrukturen zugunsten einer *herrschaftsfreien* Gestaltung der zwischenmenschlichen Beziehungen, durch die einer dem anderen zur Schwester und zum Bruder wird. Die Leitidee der christlichen Gemeinde ist hier grundgelegt.

Christliche Gemeinde / Kirche kann von daher nicht anders als Gemeinschaft der Schwestern und Brüder Jesu (Mk 3,34f.) begriffen werden. Matthäus gibt diesem Sachverhalt unmißverständlich und gültig Ausdruck, wenn er 23,8 gegen jede Form einseitiger Herrschaftsansprüche betont herausstellt: »Ihr alle aber seid Brüder.« Dieser Gedanke der Geschwisterlichkeit und des Herrschaftsverzichts bestimmt durchgängig die frühchristliche Gemeindeparänese in der Mahnung zu gegenseitiger Liebe und Unterwerfung. So überrascht es nicht, daß die alte Kirche von dieser Idee der »gegenseitigen Liebe« in ihrem Selbstverständnis und ihrer Praxis bis in die Spätantike hinein bestimmt war und gerade diesem Umstand ihre Anziehungskraft auf Außenstehende verdankt. Der gern zitierte Satz »Seht, wie sie einander lieben« mag als eine banalisierende und sentimentale Floskel erscheinen; tatsächlich benennt er das für die christliche Gemeinde konstitutive Merkmal als einer Gemeinschaft, die ihren Ursprung der Liebe Gottes verdankt und diese Liebe in der Kraft des

Geistes – »dem Band der Liebe« – stets neu erfahren kann und praktizieren soll.

Der historisch betrachtet notwendige Institutionalisierungsprozeß, vor allem die Ausbildung jener bürokratisch-autoritären Strukturen, die heute die römische Kirche bestimmen, steht zu dieser kirchlichen Urerfahrung in Widerspruch. Bürokratische Institution und Brüderlichkeit schließen sich von ihrem Wesen her gegenseitig aus, wie M. Weber mit dem unbestechlichen Blick des Soziologen konstatierte. Das mag erklären, daß die Rede von der christlichen Geschwisterlichkeit gemessen an der erfahrenen Realität vielen nur noch als Farce erscheint und sie »die Kirche« als einen kalten Machtapparat erleben, der sich nur noch in der »Ideologie« von anderen autoritären Systemen unterscheidet. Dagegen steht heute wieder das bei vielen erwachende Bewußtsein, daß Kirche von ihrem Wesen her anders sein müßte. Mk 10,43: »Bei euch sei es nicht so« weist auf jene bleibende Herausforderung, der sich die Kirche nicht entziehen kann. So hängt alles davon ab, ob es der Kirche gelingen wird, dieser kirchlichen Urerfahrung in ihrem Leben bis in ihre Strukturen hinein angemessen und glaubwürdig Gestalt zu geben. Das mag manchen als Quadratur des Kreises erscheinen; für den Glauben bedeutete es den Einbruch der neuen Welt Gottes, und insofern ist es ein unaufgebbares Postulat seiner Hoffnung.

Die Realisation der Idee der christlichen Bruderschaftsgemeinde ist, wie wiederum die Kirchengeschichte zeigt, nicht ungefährdet. Die Bruderschaftsgemeinde als »personal-emotionale Vergemeinschaftung« kann zum elitären Zirkel oder zur Sekte werden, die im Rückzug auf sich selbst den Bezug zur Realität verliert und sich als Minderheit in ein kirchliches Getto zurückzieht. Es ist das eine Gefahr, die sich heute in charismatischen Bewegungen oder auch in manchen avantgardistischen Gemeindebildungen beobachten läßt, aber auch gesamtkirchlich relevant wird, wenn der lautlose Auszug der Massen aus der Kirche durch die Rede von der »kleinen Herde« kompensiert wird und man sich von solcher Reduktion insgeheim den Erhalt des Status quo erhofft. Deswegen bedarf die Rede von der christlichen Bruderschaftsgemeinde des »großkirchlichen« Korrektivs der alle Menschen umgreifenden Ekklesia Gottes, des Volkes Gottes aus allen Völkern. Eine Sicht der Kirche, wie sie vom Neuen Testament vielfältig bezeugt ist: vom Pragmatismus des Paulus an, der die entstehenden heidenchristlichen Ortsgemeinden miteinander und mit dem palästinischen Christentum zu verbinden sucht, bis hin zu der Vision der Johannesapokalypse von der »unzählbaren großen Schar aus allen Völkern, Stämmen, Nationen und Sprachen« (7,9). Kirchliche, gemeindliche Existenz ist nicht Selbstzweck, sondern steht im Dienst jenes universalen weltumspannenden Befreiungshandelns Gottes, das Jesus von Nazaret in seiner Botschaft von der anbrechenden Herrschaft Gottes angekündigt und in seinem Tun zu realisieren begonnen hat. Daher lassen sich weder die Gesamtkirche noch die Ortsgemeinde als »geschlossene«, sondern nur als »offene Systeme« begreifen, die ihre eigenen Grenzen stets überschreiten – auf die Welt hin, in der Gottes Herrschaft als Herrschaft der Güte und des Friedens, der Gerechtigkeit und Freiheit sich durchsetzen will, mag dies in dieser Welt auch nur anfangshaft und fragmentarisch gelingen. Daher kann die Kirche an den gesellschaftlichen und politischen Herausforderungen so wenig vorbeigehen, wie sie immer auch ihrem Ursprung bei jenem Jesus verpflichtet bleibt, der sein Leben für die Vielen dahingab.

Die Gemeinde bedarf der vielen Mittler nicht

Die Exegese ergab: Das Neue Testament kennt den Kultpriester im Sinne des Opferers und Mittlers zwischen Gott und den Menschen als Gemeindeamt nicht. Alleiniger Mittler ist der Mensch Jesus Christus. In seinem Tod – Priester und Opfer zugleich – hat er, wie vor allem der Hebräerbrief lehrt, ein für allemal Sühne und Versöhnung bewirkt und *allen* den freien Zugang zu Gott erschlossen. Dieser Befund beinhaltet einen kritischen Vorbehalt gegen jeden Versuch, den christlichen Presbyter als »Priester« im allgemeinen religionsgeschichtlichen oder kirchensoziologischen Sinn zu begreifen. Dieser Vorbehalt richtet sich zunächst gegen ein verbreitetes Priesterverständnis der katholischen Volksfrömmigkeit, wie es in Primizpredigten und Priesterbüchern immer noch beschworen wird und das Bewußtsein weithin bestimmt. Er verbietet erst recht, im Bischof oder Papst solche Mittlerschaft potenziert verkörpert zu sehen. Der Vorbehalt richtet sich auch gegen moderne Versuche, in einer Art säkularisiertem Priesterverständnis dem Presbyter die Rolle des Heilers, Arztes oder Gurus zuzuweisen.

Der Befund fordert aber auch eine Rückfrage an das Selbstverständnis christlicher Gemeinden. Wie kommt es, daß speziell katholische Christen solche Rollenerwartungen auf kirchliche Amtsträger projizieren? Indiziert dies nicht ein erhebliches Defizit des gläubigen Selbstverständnisses des einzelnen Christen? Es geht hier nicht um Schuldzuweisungen. Angesichts der bisherigen Rollenverteilung in den Gemeinden tragen die größere Verantwortung für die Glaubensdefizite die »Hirten«, nicht die »Herde«, wenngleich auch jene oft nur Opfer ihrer Sozialisation sind. Wir haben heute die Folgen einer verhängnisvollen Geschichte der »Pastoral« zu verantworten, die von Angst und Unglauben, nicht aber vom Vertrauen auf den Beistand des Geistes bestimmt war, der doch der Kirche als ganzer und damit allen in der Kirche verheißen ist.

In der Sicht des Neuen Testaments müßte jeder in der Gemeinde von der christlichen Urerfahrung des freien Zugangs zu Gott bestimmt sein: Wir haben nicht den Geist der Knechtschaft empfangen, sondern den Geist der Sohnschaft, in dem wir Gott Vater nennen können, selbst Töchter und Söhne Gottes, Erben Gottes und Miterben Christi (vgl. Röm 8,15–17). Wenn die Apokalypse allen in der Gemeinde Hohepriester- und Herrscherwürde zuspricht, wird damit jeder Getaufte in jene Gottunmittelbarkeit und herrscherliche Souveränität gestellt, die diese antiken Bilder aussagen: der königliche Mensch und der Hohepriester als Inbegriff des erlösten Menschen, der unabhängig wurde von menschlichem Mittler- und irdischem Herrschertum. Die Gemeinde also ein Bereich der Gottunmittelbarkeit und Herrschaftsfreiheit.

Allein auf dieser Grundlage kann nach einem christlichen Gemeindeverhältnis gesucht werden. Das Bild vom »Hirten und der Herde«, das ursprünglich auf Christus und die Seinen bezogen war, erscheint im Hinblick auf das Verhältnis von Priester und Gemeinde nicht nur unangemessen, sondern auch dem christlichen Glauben abträglich, weil es die Mitglieder der Gemeinde zu *Objekten* der Seelsorge degradiert. Diese sind aber als *Glaubenssubjekte* ernst zu nehmen, mag ihr christliches Selbstverständnis noch so defizitär sein. Wenn sie oft nur als »Unmündige« erscheinen, so sind sie es doch nur, weil sie ent-mündigt wurden.

So erweist sich in der gegenwärtigen Situation des Übergangs als primäre Aufgabe aller Verantwortlichen in der Gemeinde, besonders auch des Gemeindeleiters, der *Dienst am Glauben*: Er hat seine christlichen Schwestern und Brüder zu solcher Mündigkeit zu ermutigen, wo diese noch fehlt, und es zu akzeptieren, wenn sie aus solchem Bewußtsein ihr persönliches und das gemeindliche Leben gestalten. Er wird sich als Partner in einer gemeinsamen Glaubensgeschichte begreifen, in der auch er zunächst einmal mit seinem Glauben und Unglauben steht, oft mehr hörend und lernend, selbst Ermutigung empfangend als belehrend und ermutigend.

Daraus ergeben sich auch einige Konsequenzen für die *Gestalt des christlichen Gottesdienstes*, speziell für die Eucharistiefeier. Bei vielen wird sie – in Korrespondenz zu einem falschen Priesterbild – zu einseitig vom Opfergedanken her verstanden. Zweifellos gehört in diese Feier die Erinnerung an Jesu Tod hinein und bedeutet sie recht verstanden die »Vergegenwärtigung« des Kreuzestodes Jesu, durch die wir immer wieder in den Ursprung unserer Erlösung und Freiheit hineingenommen werden. Im Zentrum christlichen Gottesdienstes steht jedoch nicht der *Altar*, auf dem ein sublimiertes Opferritual von einem mit sakraler Macht ausgestatteten »Priester« vollzogen wird, sondern der *Tisch*, um den der Kyrios seine Gemeinde versammelt. Indem alle an dem einen Brot und einem Becher Anteil erhalten, werden sie zu seinem Leib, konstituieren sie sich als Gemeinschaft von Schwestern und Brüdern, als der Neue Bund, in dem ihnen das Herz von Stein genommen und ein Herz von Fleisch eingepflanzt wird (Ez 36,26; Jer 31,31). So antizipieren sie die Vision vom endzeitlichen Mahl, das Gott allen Völkern bereiten will (Jes 25,6), als das Mahl der Befreiten, die sich hier ihrer Herkunft in Jesu befreiendem Handeln erinnern und immer wieder ermutigt und verpflichtet werden, in der Welt gegen herrschende Unrechtsverhältnisse und Zwänge für jene Vision einer neuen befreiten – erlösten – Menschheit einzutreten. So ist der Alltag der Welt der Ort des wahren Gottesdienstes, wo jeder den Dienst der Versöhnung zwischen Mensch und Gott und zwischen den Menschen zu vollziehen hat.

Damit wird die Rolle eines beauftragten Leiters der Eucharistiefeier nicht bestritten. Sie bedarf nur einer bewußteren Integration in das Ganze der Herrenmahlfeier, als deren Träger nach kirchlicher Tradition die Gesamtkirche, nicht der einzelne Priester gilt. Wenn er hier im Rahmen einer religiösen Symbolhandlung »in persona Christi« handelnd auftritt, repräsentiert er jenen Gastgeber, der zum *Diener aller* wurde. So muß die Feier Ausdruck jener radikalen Pro-Existenz Jesu sein, der bis zu seinem Tod am Kreuz für die anderen da war. Diesem Urtyp ist das sakramentale Symbol verpflichtet. Das bedeutet aber, daß in der konkreten Gestaltung der Symbolhandlung jede Geste vermieden werden muß, die diese Ursprungsintention in ihr Gegenteil verkehrt und – bewußt oder unbewußt – Unterdrückung statt Befreiung reproduziert. Betrachten wir unsere Gottesdiensträume, so wird der Widerspruch deutlich. Bis auf wenige Ausnahmen geben sie architektonisch nicht der Idee der christlichen Mahlgemeinschaft eine adäquate Gestalt. In ihrer Anlage sind sie weit häufiger Ausdruck der die christlichen Gemeinden beherrschenden repressiven Strukturen.

Amt ist Dienst

Wenn nach dem Neuen Testament das freie Gegenüber von Gott und seiner Gemeinde für christliches Selbstverständnis konstitutiv ist, ist damit auch die Voraussetzung genannt, unter der allein von der Gabe der Leitung bzw. dem Leitungs-»Amt« in der Kirche gesprochen werden kann. Gott ist es, der im freien Wirken des Geistes der Kirche jene Begabungen schenkt, die sie braucht. Dies begründet die Legitimität aller Gaben – auch der Gabe der Leitung, die sich für den Aufbau und den Zusammenhalt christlicher Gemeinden schon früh als unentbehrlich erwies. Doch es gilt auch: keine der Begabungen hat das Recht, sich absolut zu setzen und die übrigen Begabungen in der Gemeinde/Kirche unmündig zu halten. Der historische Paulus steht hier gegen den Pseudo-Paulus der Pastoralbriefe. In den frühchristlichen Schriften läßt sich beobachten, wie Jesu Forderung des Herrschaftsverzichts und selbstloser Güte die Autoritätsträger in eine eigentümliche Spannung stellt. Ihr *Amt ist Dienst*, was nicht nur verbal, sondern real gemeint ist. Der inflationäre Gebrauch des Wortes »Dienst« in Kirche und Gesellschaft läßt erkennen, wie solche Redeweise zur Verschleierung faktischer Herrschaftsausübung mißbraucht werden kann.

Die fruchtbare Spannung, in die mit dieser frühchristlichen Sicht des Amtes das Autoritätsverständnis gestellt war, ließ sich in der vorinstitutionellen Phase der Kirche durch ethische Apelle an den Amtsträger in Balance halten. In dem Maße jedoch, wie im Zuge des Institutionalisierungsprozesses in der Umwelt vorgegebene Autoritätsstrukturen rezipiert wurden, gelang es nicht, Jesu Forderung des Herrschaftsverzichts auch in der Großkirche institutionell zur Geltung zu bringen. Es mag zutreffen, daß Jesu utopische Sicht einer herrschaftsfreien Gestaltung der zwischenmenschlichen Beziehungen sich in der Kirche nur annäherungsweise realisieren läßt. Sie setzt überschaubare Gemeinschaften voraus, wie wir sie in Personal- oder Basisgemeinden antreffen. Eine großkirchliche Organisation braucht klare Kompetenzverteilung und muß ihre Amtsträger mit der für die Durchführung ihres Auftrags notwendigen Autorität ausstatten. Insofern ist nicht zu vermeiden, daß auch in ihr »Herrschaft« ausgeübt wird. Die Frage ist nur, welche Formen der Herrschaftsausübung sie wählt und ob es ihr gelingt, den autoritären Mißbrauch der Autorität zu vermeiden. Während das herrschaftskritische Erbe Jesu bis zu einem gewissen Grad in Ordensgemeinschaften, einigen Sekten und Teilen der reformatorischen Kirchen wirksam blieb, setzten sich in der römischen Kirche im Kirchenregiment wie in der Verwaltung absolutistische Herrschaftsformen durch. Die heutige zentralistische Ausgestaltung der höchsten kirchlichen Leitungsautorität zu einer »diktatorischen Bürokratie«, wie sie derzeit in zahlreichen Eingriffen in die Diözesen und durch die Reglementierung der wissenschaftlichen Theologie offenkundig wird, ist jedoch selbst durch den vom I. Vatikanum definierten Jurisdiktionsprimat des Papstes nicht festgeschrieben; sie widerspricht zumindest dem Geist des II. Vatikanum.

Durchaus realisierbare Minimalforderungen

Um eine evangeliumsgemäßere Ausübung kirchlicher Autorität zu erreichen und der latenten Gefahr des Autoritätsmißbrauchs zu begegnen, bedarf es institutioneller Sicherungen. Die außerkirchliche Institutionen-Diskussion macht zunehmend deutlich, daß einbahnige Autoritätsstrukturen kontraproduktiv wirken, während kommunikative Strukturen Innovationen und damit auch die Produktivität fördern. In diesem Sinn seien einige neuralgische Punkte benannt und zu diesen einige Minimalforderungen, die sich durchaus im Rahmen des derzeit vertretenen Kirchenverständnisses realisieren ließen:
– Die vom II. Vatikanum zwar deklarierte, aber institutionell noch nicht realisierte *Kollegialität* der Bischöfe müßte auch in der rechtlichen Struktur der Kirche einen wirksameren Niederschlag finden. Die als reines Beratungsorgan für den Papst konzipierte Bischofssynode vermag der vom Konzil intendierten Kollegialität keinen adäquaten Ausdruck zu geben.
– Ebenso bedarf es auch auf der Ebene der Diözesen wie der Gemeinden institutionalisierter Formen, in denen Priestern wie Laien eine *effiziente Teilhabe an der Leitungsverantwortung* ermöglicht wird. Das geschieht am

wirksamsten durch repräsentative Gremien, deren Mitglieder, wenn schon nicht alle, so doch zum überwiegenden Teil gewählt sein müssen. Wenn es auch nach dem Selbstverständnis der römischen Kirche derzeit nicht möglich erscheint, diese Gremien nach Art der Synoden in den reformatorischen Kirchen mit eigener Entscheidungskompetenz zu konstituieren, so müßten doch wenigstens nicht nur der Priesterrat, sondern auch der Diözesanpastoralrat und der Pfarrgemeinderat in allen Diözesen sowie auch die Diözesansynoden obligatorisch und so autark sein, daß sie »zumindest« ihre Tagesordnung selbständig festlegen können, an der freien Diskussion der aufgeworfenen Fragen nicht gehindert und der Wortlaut ihrer Voten – auch wenn sie nicht die Zustimmung des zuständigen Bischofs finden – unverfälscht den Gemeinden bekannt gemacht werden. Wo man meint, ein Mitbeschlußrecht noch nicht konzidieren zu können (was bei vielen Verhandlungsgegenständen eines Pfarrgemeinderats durchaus möglich wäre), muß wenigstens eine Anhörungspflicht der Autoritätsträger und damit ein Beispruchsrecht des Gremiums verbindlich vorgeschrieben sein. M. E. steht der Möglichkeit nichts im Wege, daß die Gemeindeleitung bei alle betreffenden wichtigen Entscheidungen das Votum der Gesamtgemeinde einholt und sich von sich aus daran bindet. Ähnliches könnte für die Diözese gelten.

– In der Wiederaufnahme der altkirchlichen Tradition der *Wahl* der Bischöfe und entsprechend der Pfarrer durch die Gemeinden (wie es z. B. in der Schweiz der Fall ist) könnte eine solche Teilhabe ihren exemplarischen Ausdruck finden; unbeschadet eines Bestätigungsrechts durch den Papst bzw. durch den Bischof.

– Angesichts der Tendenz aller Bürokratien, sich absolut zu setzen, wäre mit dem Ziel einer *Dezentralisierung* sowohl den Diözesen gegenüber der römischen Kurie als auch den Pfarrgemeinden gegenüber dem Generalvikariat eine größere Eigenständigkeit einzuräumen.

– Nach wie vor werden maßgebliche kirchliche Entscheidungsprozesse vom Schleier des Geheimnisses umgeben. Das gilt gleichermaßen für die römische Kurie wie für die Bischofskonferenzen und auch für viele Diözesankurien. Eine größere *Transparenz* entspräche nicht nur dem Respekt, den sich Christen im Umgang miteinander gegenseitig schulden, sondern förderte zudem die Kommunikabilität der getroffenen Entscheidungen. Das Eingeständnis bestehender Meinungsunterschiede und die Notwendigkeit, getroffene Entscheidungen mit überzeugenden Argumenten zu begründen, könnten im übrigen die Autorität kirchlicher Amtsträger nur glaubwürdiger machen.

– Auch in der Kirche lassen sich *Konflikte* verschiedenster Art nicht vermeiden. Nicht daß es sie gibt, ist das Problem, sondern wie man mit ihnen umgeht. Abgesehen von den reformbedürftigen speziellen Regelungen des römischen Lehrzuchtverfahrens genießen Betroffene im Fall einer Beanstandung in der Regel noch immer keinen ausreichenden Rechtsschutz. Häufig sind sie den gegen sie erhobenen Vorwürfen, auch anonymen Denuntiationen oder dem Rufmord wehrlos ausgeliefert, ohne daß ihnen die Möglichkeit einer eigenen Stellungnahme von seiten der zuständigen kirchlichen Behörden zugesichert wäre. Die kirchliche Praxis widerspricht hier eklatant nicht nur dem in Rechtsstaaten in dieser Hinsicht besonders sensibilisierten Empfinden, sondern ebenso dem Geist des Evangeliums (vgl. Mt 18,15–17). Der Anspruch auf rechtliches Gehör ist jedem Betroffenen in der Kirche zu garantieren. Darüber hinaus sollten auch unabhängige Schlichtungsstellen eingerichtet werden, die in Konflikten vermitteln.

Von der päpstlichen zur katholischen Kirche

Ich möchte die vorangegangenen Überlegungen zur Reform des kirchlichen Leitungsamtes durch eine utopische Geschichte ergänzen, an deren mögliche Realisierung – allzu besorgten Hütern der Orthodoxie gegenüber sei das festgestellt – ich auch kaum zu glauben vermag.

Ich sehe vor mir das vertraute Bild der Peterskirche. In goldenen Lettern im Zentrum des Kirchenraums die Inschrift: »Tu es Petrus…« und darüber die gewaltige Kuppel Michelangelos. Versammelt sind Vertreter der römischen Teilkirchen, Bischöfe, Presbyter, Männer und Frauen aus aller Welt, sowie zahlreiche Delegaten der übrigen christlichen Kirchen und Gemeinschaften zusammen mit Vertretern des Ökumenischen Rates der Kirchen. Der Papst zieht unter dem Schutz der Schweizer Garde ein, begleitet von Kardinälen, Prälaten und römischen Kurialen. Er besteigt die cathedra Petri. Nach einem kurzen Gebet wendet er sich an die Versammelten und gibt eine feierliche Erklärung ab: Unter Bezugnahme auf das Zeugnis des Evangeliums erklärt er den Verzicht auf den Absolutheitsanspruch, den der »Heilige Stuhl« im Laufe der Kirchengeschichte – eher zum Schaden als zum Nutzen der Christenheit – an sich gezogen habe.

Dann verläßt er den Thron. Er steigt die Stufen hinab und begibt sich zu den übrigen im Kirchenraum Versammelten. Dort nimmt er mitten unter ihnen Platz. Eine Ikone wird hereingetragen, eine Darstellung des mit Dornen gekrönten Jesus. Sie wird auf den Thron gestellt. Etwas verloren steht sie nun da, unter der gewaltigen Kuppel des Papstdomes im Schatten der hochaufragenden Säulen des Bernini-Altars. Für alle Zeiten soll sie hier stehen bleiben zum Zeichen dafür, daß die Kirche keinen anderen Herrn als den Gekreuzigten kennt und ER das alleinige Haupt der Kirche ist.

Paradoxerweise würde der Papst gerade dem von ihm und

seinen Vorgängern so oft erhobenen Anspruch, der
»Stellvertreter« Christi zu sein, damit näher sein als je zu-
vor – jenes Jesus von Nazaret, der im Verzicht auf jeg-
liche Macht zum Diener aller wurde.

So würde die entscheidende Barriere beseitigt, die einer
Akzeptanz der römischen Kirche durch die übrigen
christlichen Kirchen im Wege steht. Die gesamtkirchliche
Einheit ließe sich in einer alle umfassenden Kirchen-
gemeinschaft realisieren, in der – bei Anerkennung der
unterschiedlichen Glaubensgeschichte – *alle* sich als
gleichberechtigte Partner in der *einen* Kirche Jesu Christi
akzeptieren. Als Urmodell bietet sich dafür das sogenannte Apostelkonzil an, wie es Paulus in Gal 2 darstellt.
Auch hier haben die Vertreter der Jerusalemer und der
Antiochenischen Gemeinde einander zuerkannt, daß jedem von ihnen auf seine Weise von Gott das Evangelium
anvertraut wurde, und daher ihre kirchliche Zusammen-
gehörigkeit ausdrücklich bezeugt – gegen den Widerstand extremer Judenchristen, die glaubten, den Heidenchristen ihr Verständnis des Heilsweges aufzwingen zu
müssen.[1]

Welche Rolle fortan dem Bischof von Rom und dem von
ihm in Anspruch genommenen »Petrus-Amt« zukäme,
ist gegenüber dieser Grundsatzfrage der Einheit eher
zweitrangig. Vielleicht würde ihm von allen die Rolle des
»primus inter pares«, also des Ersten unter Gleichgestell-
ten, zuerkannt werden. In der Sicht des Matthäusevangeliums wurde Petrus, der erstberufene Jünger, gerade deswegen zum »Fundament der Kirche Jesu« (16,18), weil er
Zeuge der Jesustradition von Anfang an war. In einer Situation, in der Matthäus die Kirche auf ihrem Weg durch
die Völkerwelt gerade dadurch gefährdet sah, daß ihr das

---

1 Vgl. dazu die kleine Studie von A. Suhl, Ein Konfliktlösungsmodell
der Urkirche und seine Geschichte, in: Bibel und Kirche 45 (1990)
80–86.

Erbe des geschichtlichen Jesus verloren geht, sollte so durch die von diesem Petrus bezeugte Überlieferung die Kirche bleibend an diesen Ursprung gebunden werden. Daß die Christenheit eines solchen *Petrus-Dienstes* bedarf, kann niemand in den Kirchen bestreiten.[2]

Ein solches Selbstverständnis des Bischofs von Rom könnte auch *innerhalb* der römischen Kirche eine Entwicklung initiieren, in der unter Wahrung des gesamtkirchlichen Zusammenhalts die einzelnen Regionalkirchen jene Selbständigkeit und Führungskompetenz gewännen, die sie zur angemessenen Bewältigung ihrer politisch wie soziokulturell höchst unterschiedlichen Situationen benötigen. Voraussetzung dafür wäre allerdings, daß auch die römischen Behörden ihre Rolle und Aufgabe neu begreifen. Statt europäische Zentrale eines weltweiten kirchlichen »Kolonialreiches« zu sein, könnte Rom nun zu einem weltweiten freien kirchlichen Kommunikationszentrum werden, wo die Vertreter der Teilkirchen ihre unterschiedlichen Erfahrungen und Programme austauschen und miteinander diskutieren, um auf dieser Grundlage auch Konzepte für die Lösung globaler Weltprobleme zu erarbeiten. Um nicht mißverstanden zu werden: Ich meine nicht den Ersatz der heutigen römischen Behörden durch neue kirchliche Machteliten, sondern ein neues Selbstverständnis und eine Neubestimmung der Funktion des Petrus-Amtes. Davon unberührt bleibt, daß in der Kirche »Entscheidungen« getroffen werden müssen, daß es »Kirchenleitung« geben muß. Der kritische Punkt bei all dem ist nur, wer an den Entscheidungsprozessen maßgeblich beteiligt bzw. wo,

2 Zu dieser Sicht verweise ich auf meinen Beitrag »Der Petrus-Primat im Matthäus-Evangelium«, in: Neues Testament und Kirche. FS für R. Schnackenburg, Freiburg 1974, 94–114 = J. Lange (Hrsg.), Das Matthäus-Evangelium, Darmstadt 1980 (Wege der Forschung, Bd. 525, 415–440) sowie meinen Beitrag »Die Bedeutung des Petrus für die Kirche des Matthäus«, in: J. Ratzinger (Hrsg.), Dienst an der Einheit. Zum Wesen und Auftrag des Petrusamtes, Düsseldorf 1978, 9–26.

durch wen und wie solche notwendige »Leitung« ausgeübt wird.

Alle Überlegungen und Reformvorschläge zu einer möglichen Zukunftsgestalt der Kirche gehen ins Leere, wenn ihnen die lebendige Basis fehlt. Der Satz »Die Kirche sind wir« gilt, gleichgültig, welche Sozialgestalt die Kirche in ihrer Geschichte gefunden hat und finden wird. Kirche entsteht als Kirche von unten, aus der Gemeinschaft von Glaubenden, die das Experiment solcher Gemeinschaft im Namen Jesu wagen. So bleibt die Frage, an welchem Leitbild sich Ortsgemeinden, die sich ihrer Verantwortung für das gemeinsame kirchliche Leben bewußt geworden sind, orientieren könnten, damit von der Basis her jene Erneuerung der Gesamtkirche vorbereitet wird, der sich die heute in der Kirchenleitung Verantwortlichen aus den unterschiedlichsten Gründen immer noch verweigern.

Das Gemeindemodell der Zukunft

In dem Maße, wie die getauften Glieder der Kirche nicht mehr nur als Objekte kirchenamtlicher Seelsorge angesehen, sondern auch in der Praxis des kirchlichen Lebens als Glaubenssubjekte anerkannt werden, denen sowohl für das Gemeindeleben als auch für die Weitergabe der Botschaft Jesu eine tragende Rolle zukommt, stellt sich die Frage, wie dieses neue Selbstverständnis in den Gemeinden Struktur gewinnen kann. Der moderne Mensch, der für sich zu Recht die Freiheit von obrigkeitsstaatlichem Reglement und die Anerkennung seiner Mündigkeit in Anspruch nimmt, wird sich für ein Engagement in der Gemeinde oder für die Übernahme eines hauptamtlichen kirchlichen Dienstes nur gewinnen lassen, wenn er auch dort seine Freiheit und Würde respektiert erfährt. Den künftigen Anforderungen an die Kirche genügt das ver-

breitete Modell einer Konsumenten- oder Mitläuferge-
meinde nicht mehr. Es mag für die Kirchenleitungen zwar
bequemer sein, erweist sich aber insgesamt als ineffektiv
und instabil.

Auch der Versuch, Gemeinden oder christliche Gemeinschaften als Kadergruppen unter der Leitung »charismatischer« Führergestalten zu organisieren, ist aufgrund der
dabei nachweislich gegebenen Gefahr, daß die Mitglieder
einem menschenverachtenden Totalitarismus ausgeliefert
werden, für Christen unannehmbar. Wenn solche Gemeinschaften von kirchlichen Amtsträgern gefördert und
deren Mitglieder in kirchliche Machtpositionen einge-
schleust werden, verrät dies nur, daß die Kirche Jesu Christi mit einem totalitären System verwechselt wird.

Dagegen steht der paulinische Entwurf einer Gemeinde.
Er verdient es, auch unter unseren gesellschaftlichen Bedingungen weiterentwickelt zu werden. Denn hier ist die
Würde eines jeden Gemeindemitglieds gewährleistet –
gegen alle elitären Versuche, Gemeinde als »Zwei-Klassen-System« zu strukturieren. Jeder wird hier in seiner individuellen Begabung anerkannt und kann diese in den
Aufbau der Gemeinde einbringen. Gemeinde erscheint
dann nicht mehr als »Alleinbetrieb« eines einsamen und an
seiner Einsamkeit verzweifelnden Pfarrers, sondern als
eine Kommunikationsgemeinschaft, die kreative Entfaltung und vielfältige Initiativen ermöglicht. Wie die offenen Charismenreihen des Paulus zeigen, ist das Repertoire
gemeindlicher Aufgaben geöffnet für neue Begabungen,
die von der Gemeinde akzeptiert werden wollen, und für
neue Situationen, auf die sie schöpferisch mit Phantasie
reagieren darf.

Natürlich ist dies idealtypisch gesehen, und auch schon
Paulus mußte sich mit den üblichen Rivalitätskonflikten,
mit falschem Prestigedenken, Egoismus, gesellschaftlichen Vorurteilen, aber auch mit Apathie und Resignation, mit dem Minderwertigkeitsgefühl der kleinen Leute

sowie mit der Arroganz der Arrivierten auseinandersetzen. Der Entwurf des Paulus erspart uns nicht die normalen Gruppenprozesse mit ihren Krisen, im Gegenteil, er initiiert sie sogar. Aber gerade indem eine Gemeinde diese Herausforderung annimmt und bewußt gestaltet, wird sie als Gemeinde aufgebaut.

Die Nüchternheit, mit der Paulus diese »hochpneumatische« Angelegenheit behandelt, ist beispielhaft, mag sie auch auf manche desillusionierend wirken. Die Charismen sind – höchst profan – »zum Nutzen« aller da (1 Kor 12,7); sie haben dem »Aufbau« der Gemeinde zu dienen (1 Kor 14,12). Jeder hat sein »Maß des Glaubens« zu finden. Er soll »vernünftig«, nicht verstiegen, über das, was notwendig ist, hinausgehend denken (Röm 12,3). Entscheidend ist, daß der Dienst sachgemäß getan wird (V 4 ff.). Neben der Bejahung der Pluralität steht die Mahnung zur Solidarität, die sich auf die anderen einläßt und zur Sympathie bereit ist. Es überrascht, wie Paulus die damals besonders attraktiven ekstatischen Begabungen relativiert und unter »Charisma« einfach die persönliche Begabung und Fähigkeit jedes einzelnen zum Dienst in der Gemeinde versteht und gerade sie als Wirkung des Geistes deutet. Dazu bedarf es nicht außerordentlicher Berufungserlebnisse, sondern nüchterner Selbsteinschätzung. Das gilt auch für die Gabe der Leitung. Die Erwartung außerordentlicher Erfahrungen, die häufig mit der »Berufung zum (zölibatären) Priestertum« verbunden werden, erweisen sich als überzogen. Sie schaffen leicht ein falsches Priesterklischee (Relikt eines unchristlichen Sazerdotalismus?) und überfordern die Amtskandidaten, denen solche außerordentlichen Erlebnisse in der Regel fehlen. Am Ende steht dann oft jene pseudospirituelle Attitüde, die manchen Amtsträger eher unglaubwürdig macht.

Der Blick in die Geschichte zeigt, daß die *Funktionenkumulation* in dem einen Leitungsamt auf Kosten der lebendigen Vielfalt gemeindlicher Dienste erfolgte. Zugunsten des einen Amts-Charismas wurden die Gemeinden charismen-los. Wenn in den letzten Jahrzehnten Frauen wie Männer hauptamtlich in der Kirche tätig werden konnten: in Caritas, Beratung, Bildungsarbeit, Unterricht, Jugendpflege, bis hin zu den Laientheologen/innen im Gemeindedienst, so führte dies zur Installation einer Vielzahl spezifischer Dienste mit qualifizierter fachlicher Kompetenz und Effizienz. Nach wie vor fehlt jedoch deren angemessene ekklesiale Verortung. Teils sind sie zu bloßen »kirchlichen Angestellten« degradiert, teils versucht man sie mit Hilfe der Diakonenweihe notdürftig der Hierarchie einzugliedern. Stets bleiben sie dem »Priester« gegenüber als dem eigentlichen Repräsentanten kirchlicher Autorität abgewertet und letztlich von ihm abhängig. Das paulinische Gemeindeverständnis ließe hier eine theologisch angemessenere Positionsbestimmung für sie finden. Als dem Leitungsamt gleichwertige Dienste stehen sie mit ihm in der Reihe der der Gemeinde zu ihrem Aufbau gegebenen Charismen. Jeder von ihnen hat seine eigene Kompetenz und Verantwortung, die im Rahmen kollegialer Leitungsgremien voll anerkannt werden muß, unbeschadet der Regelung der konkreten Formen der Zusammenarbeit.

Mit dieser im Vorhergehenden dargestellten Entwicklung ging ein zweiter tragischer Prozeß Hand in Hand: die *Verdrängung der Frau* aus dem öffentlichen Leben der Kirche und damit verbunden die Etablierung der Männerherrschaft in ihr. Die christliche Utopie der Einheit aller in Christus, wie sie Gal 3,28 zum Ausdruck bringt, fand in der Kirche keine angemessene soziale Gestaltung. Eine einmalige »weltgeschichtliche« Chance wurde von der Christenheit damit vertan. Diese Verdrängung der Frau widerspricht der Stellung, die ihr in Jesu Anhängerkreis sowie in der frühen Mission und Gemeinde zukam. Aufgabe einer Kirche der Zukunft wird es sein, mit der vollen Akzeptanz der Frau die Idee christlicher »Brüderlichkeit«

humaner und christlicher, als es bislang geschah, in der gleichberechtigten Gemeinschaft von Schwestern und Brüdern zu realisieren. Dies verlangt allerdings, der Diffamierung der Frau, die kirchlich in ihrem *Ausschluß vom Priesteramt* exemplarischen Ausdruck findet, ein Ende zu bereiten. Vom Gesamtzeugnis des Neuen Testaments her gibt es keinen Grund, der diese Aussperrung rechtfertigte.

Hausgemeinden als kirchliche Basisgruppen

Der paulinische Entwurf setzt überschaubare Gemeindegrößen voraus. Läßt er sich in städtischen Großgemeinden alten Stils oder in den infolge des Priestermangels entstehenden, weitgehend unpersönlichen Gemeindeverbänden realisieren? Es bedarf hier in der Tat einer *Substruktur durch gemeindliche Basisgruppen*, die wie schon die paulinischen Hausgemeinden die Stadtgemeinden unterfangen und die primären Zentren gemeindlichen Lebens bilden.

Gemeinde baute sich so von der Basis her auf. Sie wäre nicht auf die aus ihrer Umwelt ausgegrenzten Gemeindezentren, die letzten Reste der heiligen Bezirke antiker Tempelanlagen, angewiesen, sondern hätte mitten in den Häusern der Leute ihren Sitz in deren alltäglichem Leben, in hautnahem Kontakt mit Andersdenkenden und den der Kirche Entfremdeten, insofern zur Mission prädisponiert. Die Anonymität und Kälte, die oft kirchliche Veranstaltungen bestimmt und viele in außerkirchliche Gruppen oder Sekten abwandern läßt, könnten durch die Erfahrung menschlicher Nähe und persönlicher Gemeinschaft überwunden werden. Hier hätte die oft verdrängte Emotionalität ihren natürlichen Ort; sie müßte nicht künstlich nach dem Muster des Showbusiness bei kirchlichen Großveranstaltungen produziert werden. Angesichts der latenten Gefahr der Isolierung und Entmündigung des Menschen unter den Zwängen der spätindustriellen Gesellschaft entstünden in der Kirche Freiheitsräume, in denen Menschen zu sich und zueinander fänden und es gemeinsam lernten, unter der Herausforderung der Botschaft Jesu ihr Leben in Familie und Gesellschaft bewußter zu gestalten und ihre Verantwortung dort wahrzunehmen. Durch eine solche Substruktur könnte zugleich das gesamtgemeindliche Leben reaktiviert werden, insofern das in solchen Basisgruppen neuentdeckte gemeindliche Selbstbewußtsein sich in seiner Dynamik auf die Gesamtgemeinde auswirkte.

Die Erfahrungen mit solchen Kleingruppen zeigen, daß es hier leichter gelingt, Barrieren abzubauen und eine Gesprächssituation herzustellen, in der das »Verborgene des Herzens« offenbar und jenes befreiende Wort gesprochen wird, das uns oft im Halse steckenbleibt. Im Austausch unserer Lebensgeschichten entdeckten wir die Geschichte Gottes mit uns. So würde deutlich, daß die Themen der Welt und des Glaubens zusammengehören. Im gemeinsamen Tun wüchse die Solidarität. Das Evangelium würde konkret der Lebenssituation vermittelt werden und eine kompetentere Auslegung erfahren, als sie dem abstrahierenden Theologen oder monologisierenden Prediger gelingen kann.

Die Gestalt, die aktuelle Zielsetzung und die Modalitäten der Zusammenkünfte dieser Gruppen mögen differieren; Uniformität wäre fehl am Platz. Allerdings setzt das Gelingen solcher Gruppenbildungen zum einen voraus, daß die Gruppen die in ihnen ablaufenden Gruppenprozesse, vor allem die auch in ihnen entstehenden Herrschaftsstrukturen durchschauen und bewußt gestalten. So brauchen sie gegebenenfalls die Hilfe kundiger Begleiter. Zum anderen besteht die Gefahr, daß solche Gruppen sich isolieren und schließlich zum »Klüngel« werden, in dem sich nur seinesgleichen trifft, oder aber zu »charismatischen Zirkeln«, die nur noch ihre Innerlichkeit pflegen. Den in der Gemeinde hauptamtlich tätigen PresbyterInnen oder PastoralassistentInnen käme daher die Aufgabe zu, theologischer Gesprächspartner dieser Gruppen zu sein. Sie hätten dafür Sorge zu tragen, daß der Zusammenhalt der Gruppen mit der Gesamtgemeinde und ihre Offenheit für Menschen unterschiedlicher Herkunft und Einstellung erhalten bleibt und sie zu solidarischem Handeln nach innen wie nach außen bereit sind.

In einer kirchlichen Situation, die durch den wachsenden Mangel an (zölibatären) Priestern gekennzeichnet bleiben wird, hat der Vorschlag, neben den hauptamtlichen Presbytern im Glauben und Dienst an der Gemeinde erprobte Männer und auch Frauen *nebenamtlich* mit dem Presbyteramt zu betrauen, aktuelle Bedeutung. In diesen Basisgruppen können sie ihren primären Wirkbereich erhalten; zugleich böten gerade diese das Reservoir für die Entdeckung solcher Begabungen; deren Presbyteramt entstünde so von der Basis der Gemeinde her und bliebe ihr verbunden.

Die bleibenden Dienste

Unbeschadet der Vielfalt charismatischer Begabungen soll abschließend nach der Zukunftsgestalt der für die christliche Kirche bleibend konstitutiven Dienste gefragt werden.

Verkündigung des Evangeliums

Das Zeugnis von dem Gott, der auf vielfältige Weise durch die Propheten, zuletzt durch seinen Sohn gesprochen hat

(Hebr 1,1 f.), der Welt weiterzugeben, bleibt genuine Aufgabe der Kirche. Sie tut das explizit durch die Verkündigung. In einem umfassenderen Sinn ist jedoch die christliche Gemeinde selbst das *Realzeugnis* des Evangeliums. In der Gemeinde und durch sie soll Gottes Gnade und Güte in der Welt konkret erfahrbar werden. Insofern sind alle Charismen als Konkretionen der einen *charis*/Gnade Gottes zu begreifen: seiner zuvorkommenden gütigen Zuwendung zum Menschen, wie sie in Jesus Christus Gestalt wurde. Daran partizipieren auch alle hauptamtlich wahrgenommenen Dienste, und insofern unterscheiden sie sich von bloßen sozialen, organisatorischen oder kommunikativen Berufen; auch wenn deren Fachkompetenz unabdingbare Voraussetzung für ihre Ausübung ist.

Das Neue Testament kannte bereits verschiedene Formen des Verkündigungsdienstes: (1) die Verkündigung nach außen durch Wandermissionare/innen; (2) das Wort der Erbauung in der gottesdienstlichen Gemeindeversammlung, das grundsätzlich jedem zustand; (3) die den Glauben reflektierende Einführung in die christliche Botschaft durch christliche Lehrer.

Mit situationsbedingten Abwandlungen entsprechen ihnen auch heute verschiedene, wenn auch nicht völlig trennbare Aufgabenbereiche.

(1) Die vieldiskutierte Frage, welche Gestalt die »christliche Weltmission« heute noch haben kann (vgl. die Inkulturations-Debatte), soll hier nicht thematisiert werden. Wir erleben, daß auch die traditionellen christlichen Gebiete längst »Missionsland« geworden sind. Die Kirche der Zukunft wird wieder als Minderheit in einer wachsenden achristlichen Weltgesellschaft leben und sich bewähren müssen. Die Reaktion darauf kann nicht die Flucht in den Binnenraum der Gemeinde und die »Verteufelung« der säkularen Gesellschaft sein: Allein die Öffnung zu ihrer (Um-)Welt wird den Gemeinden jene innere Lebendigkeit geben, die sie zum glaubwürdigen Zeugnis des

Evangeliums in der Welt und zum Dialog mit den Andersdenkenden befähigt. Die Gemeinde mit allen ihren Gliedern wird in dieser Situation, ähnlich wie es in der alten Kirche war, zum Träger des kirchlich-missionarischen Handelns. Dies setzt bei allen einen mündigen Glauben voraus.

(2) In dem Maße, wie die ent-mündigten Laien in der Gemeinde als Glaubenssubjekte ernst genommen wird, sollte ihnen auch wieder das Wort in der gottesdienstlichen Versammlung zukommen. Die Verbindung von Predigt-Amt und Eucharistie-Vorsitz, die auch in der bisherigen Praxis nie strikt eingehalten wurde, hat ihr gutes Recht, doch kann sie nicht als allein verbindliche Regel gelten. Vor allem bei der Feier der Eucharistie in kleineren Gruppen bietet es sich an, die monologische Predigt durch das Glaubensgespräch aller zu ersetzen. Doch auch im Gottesdienst der Gesamtgemeinde sollten grundsätzlich *alle* zu Worte kommen können, um so wenigstens ansatzweise die einbahnige Kommunikationsstruktur zu relativieren und die Basiserfahrungen des Glaubens kompetent zur Sprache zu bringen.

(3) Der Leitungsdienst hat schon relativ früh die Funktion der »Lehre« an sich gezogen. Die Verbindung beider hat sich vielfach bewährt. Mit Recht wird von den Inhabern der Leitungsämter, vor allem wenn sie als Repräsentanten der Kirche / Gemeinden sprechen, erwartet, daß sie nicht nur authentisch, sondern auch kompetent Rechenschaft über die christliche Botschaft ablegen. Das setzt angesichts der wachsenden Komplexität aller Lebensfragen und des für eine relevante Auseinandersetzung geforderten Argumentationsniveaus heute voraus, daß sie über eine angemessene theologisch-wissenschaftliche Qualifikation verfügen. Daher wird man nicht darauf verzichten können, die hauptberuflichen Träger des Leitungsamtes an wissenschaftlichen Hochschulen auszubilden. Allerdings muß sowohl die wissenschaftliche Theologie selbst als auch die

Ausbildung der künftigen Amtsträger an die Basis der Gemeinden rückgebunden werden. Theologie läßt sich nicht anders denn als Reflexion des konkreten Glaubens und der Praxis der Kirche verstehen.

Das schließt nicht aus, daß bei den Leitern der Hausgemeinden, die ihre Aufgabe nebenberuflich ausüben und meist in nichttheologischen Berufen ausgewiesen sind, auf solche akademischen Voraussetzungen verzichtet wird. Aufgabe der hauptberuflichen PresbyterInnen oder auch der in der Gemeinde tätigen LaientheologInnen wäre es dann, als »wandernde Lehrer« in diesen Gruppen für ein angemessenes theologisches Informationsniveau Sorge zu tragen.

Die Kirchengeschichte belegt seit urchristlicher Zeit jedoch auch die heute in Vergessenheit geratene eigenständige Stellung und Bedeutung des *theologischen Lehrers* in der Kirche. Zu erinnern ist an die altkirchlichen Katechetenschulen oder an die Rolle der mittelalterlichen Universitäten. Auch heute wäre dem Dienst der in der theologischen Wissenschaft tätigen Frauen und Männer eine eigene Kompetenz und Autorität in der Kirche zuzuerkennen. Damit soll weder neben dem »Lehramt der Kirche« ein »Lehramt der Theologen« installiert, noch sollen beide in Konkurrenz gebracht werden. Doch diente es weder der lehramtlichen noch der theologischen Wahrheitsfindung, wenn nur dem Typ des »Hoftheologen« ein Recht auf Gehör in der Kirche zuerkannt würde.

Wie mit Recht vom theologischen Lehrer erwartet wird, daß er seinen Dienst in der Treue zum Evangelium und in der Verantwortung für die Gesamtkirche betreibt, so darf auch er vom Träger des kirchlichen Lehramtes erwarten, daß er mit seinem fachlich begründeten Urteil in den Prozeß der kirchlichen Lehrentwicklung voll einbezogen wird. Zumal bei kirchlichen Lehräußerungen, die beanspruchen, von allen respektiert zu werden, darf erwartet werden, daß diese in ihrer Argumentation nicht unter dem

Niveau des wissenschaftlichen Erkenntnisstandes bleiben.

Dienste gegenseitiger Hilfe

An zweiter Stelle – ich folge in etwa der Reihenfolge des Paulus – wären die Dienste der Heilung und Hilfeleistungen zu nennen: die *Diakonie*. Sie umfaßt sowohl sozialkaritative als auch therapeutische Hilfen und meint konkrete Hilfe als Zeichen der Solidarität im näheren Umkreis der Gemeinde wie auch über die Kontinente hinweg, wie schon die Kollekte der paulinischen Gemeinden für die Armen in Jerusalem zeigt. Wenn wir die Gemeinde als jenen Bereich verstehen, in der Gottes Güte konkret erfahrbar werden soll, dann ist die Zuwendung zu leidenden und hilfsbedürftigen, entrechteten und unterdrückten Mitmenschen und das Eintreten für sie in der Öffentlichkeit eine elementare Ausdrucksform kirchlichen Lebens. In ihr findet in prononcierter Weise Jesu Dienst für die Menschen seine Fortsetzung, den die Kirche als ganze wie auch die einzelnen Gemeinden zu leisten haben. In der alten Kirche war signifikanter Ausdruck dafür, daß die Gaben für die Armen in der Herrenmahlsfeier zusammengebracht und von dort aus verteilt wurden.

Die kirchlichen Sozialdienste und Hilfswerke erhalten von daher ihren zentralen kirchlichen Stellenwert, insofern sie in der aufgrund der gesellschaftlichen Komplexität notwendigen Spezialisierung genuine Aufgaben aller wahrnehmen. Sie dürfen nicht in eine kirchliche Randzone abgedrängt werden. Wenn ihnen einerseits auch um der sachgemäßen Erfüllung ihrer Aufgaben willen eigene Kompetenz und Autonomie zugestanden werden muß, so ist ihren Vertretern andererseits doch auch eine *maßgebliche* Mitwirkung in den gemeindlichen wie gesamtkirchlichen Gremien einzuräumen, um so bei den kirchlichen

Entscheidungsprozessen den »Themen der Welt« authentisch Gehör zu verschaffen und deren Realitätsbezug zu gewährleisten.

Dienst der Leitung

Die neutestamentliche Entwicklung der Leitungsämter bietet ein äußerst komplexes Bild; eine Korrespondenz zu den heutigen kirchlichen Ämtern des Bischofs und Priesters läßt sich nur ansatzweise feststellen. Zwischen den Anfängen der »Ämter« dort und ihrer heutigen Gestalt liegt ein langer geschichtlicher Prozeß. Das Neue Testament verdeutlicht auf jeden Fall den Variantenreichtum *kollegialer* Leitungsformen, in denen die christliche »Bruderschaft« offenbar die ihr angemessenste Sozialgestalt fand. Gerade das paulinische Gemeindemodell zeigt, daß Leitungskompetenz nicht notwendig mit autoritären Strukturen verbunden sein muß.

Um die Funktion des Gemeindeleiters in neutestamentlicher Sicht näher zu bestimmen, möchte ich bei den *Vorstehenden / Fürsorgenden* bzw. bei der Gabe der *Kybernetik* (1 Kor 12,28) einsetzen. Man hat in der früheren Forschung diese Funktionen gerne als bloß administrativ-organisatorische abgewertet; zunehmend wurde jedoch ihre ekklesiale Bedeutung anerkannt. Die »organisatorische« Tätigkeit dient dem Aufbau und Zusammenhalt, der *Versammlung* der Gemeinde. Sie ist Dienst an der Einheit des Leibes Christi. Wenn im Laufe der Geschichte gerade ihren Trägern der Vorsitz bei der Feier des Herrenmahls zuwuchs, ist dies eine auch theologisch plausible Entwicklung. Denn in der Teilhabe an dem *einen* Brot konstituiert sich die Gemeinde als der *eine* Leib Christi (1 Kor 10,17). So ist der Dienst in der Eucharistiefeier nur die letzte Konsequenz der »alltäglichen« Dienste für die Gemeinde. In jenem wird deren pneumatische Dimension deutlich, wie umgekehrt jener durch diese erst die Konkretion erfährt, die ihn glaubwürdig macht. Dies darf jedoch nicht ausschließen, daß, wie es auch bei der Taufe möglich ist, in Sondersituationen dieser Dienst auch von anderen wahrgenommen werden kann, zumal er immer nur kraft des *allen* in der Kirche geschenkten Geistes ausgeübt werden kann und entscheidender Träger des gemeinsamen Tuns nach gemeinchristlicher Überlieferung allein der Kyrios ist, der seine Gegenwart *allen* in seinem Namen Versammelten verheißen hat (Mt 18,20).

Der *Dienst an der Einheit der Gemeinde* bildet schon in heutigen Gemeinden, erst recht aber in einer Gemeinde nach dem Modell des Paulus, die zentrale Aufgabe des Gemeindeleiters. Damit Gemeinde als Gemeinschaft erfahren wird, bedarf es einer lebendigen Kommunikation untereinander und eines »Klimas der Sympathie«. Wieweit dies gelingt, hängt nicht nur, aber auch vom Gemeindeleiter ab. Er kann Aktivitäten initiieren und koordinieren, divergierende Interessen ausgleichen und Aufmerksamkeit für die Benachteiligten wecken usw. Gemeint ist nicht eine ungeistliche »Gschaftlhuberei«, sondern nüchterne Arbeit für den Aufbau der Gemeinde, die die geistliche Dimension solchen Tuns nicht aus dem Auge verliert, aber auch nicht zum Alibi nimmt, um Inkompetenz oder Herrschaftsinteressen zu verschleiern. Dies setzt beim Gemeindeleiter ein hohes Maß an Kommunikations- und Kooperationsfähigkeit voraus; es verlangt Sensibilität im Umgang mit Menschen und den Verzicht auf jede auch noch so sublime Form von Machtmißbrauch. Es ist der Dienst eines Glaubenden in der Gemeinschaft seiner Glaubensschwestern und -brüder und für sie.

Unter der Voraussetzung des paulinischen Gemeindemodells kann die Ausübung des Leitungsdienstes nicht mehr »monarchisch« begriffen werden. Diesem entspräche vielmehr die rechtliche Installierung von Leitungsgremien, in denen – gegebenenfalls unter dem Vorsitz des Presbyters –

die mit spezifischen Aufgaben Betrauten zusammen mit den gewählten Vertretern der Gesamtgemeinde in Gemeindeangelegenheiten die Entscheidungsbefugnis haben. In Respektierung der jedem in der Gemeinde zukommenden Verantwortung wären in zentralen, das Gemeindeleben betreffenden Fragen *alle* in den Entscheidungsprozeß einzubeziehen.

Für die Ausbildung künftiger Gemeindeleiter ergibt sich daraus, daß ihnen nicht nur die für eine sachgemäße Ausübung des Dienstes am Evangelium, sondern auch die für den Dienst der Einheit notwendige persönliche Eignung und professionelle Schulung zu vermitteln ist. Daß für beide Aufgabenbereiche der Pflichtzölibat unabdingbare Voraussetzung ist und sie nur von Männern wahrgenommen werden können, wird weder von den konkreten Erfordernissen noch vom neutestamentlichen Verständnis der Dienste her nahegelegt.

Mystik und Prophetie

An letzter Stelle möchte ich die zwei anscheinend disparaten Gaben des Mystikers und Propheten, der Mystikerin und Prophetin in Erinnerung bringen. Gemeinsam ist ihnen beiden, daß ihnen in der Kirche in der Regel mit Mißtrauen begegnet wird und sie dennoch immer ihre Anziehungskraft bewahrt haben.

Wir stoßen im frühen Christentum auf das für uns höchst befremdliche, heute eher in christlichen Randgruppen beheimatete Phänomen der Glossolalie, der Zungenrede, als ekstatisch-religiöser Ausdrucksform. Auch wenn Paulus sie als Wirkung des Geistes respektiert, begegnete er ihr doch mit deutlichem Vorbehalt: Der Glossolale betreibt seine eigene Erbauung, nicht die der Gemeinde (1 Kor 14,4). Seine Esoterik steht in Gefahr, die geschichtliche Dimension der christlichen Existenz zu vernachlässigen und damit den Bezug zur Realität, konkret zum Mitmenschen, dem er, geleitet von der Liebe Christi, seine Liebe zuwenden soll, aus dem Auge zu verlieren. So stellt Paulus gegen die imponierenden pneumatisch-religiösen Machtdemonstrationen seiner missionarischen Konkurrenten in Korinth die lange Reihe der Leiden und Nöte, die er im Dienst des Evangeliums auf sich genommen hat (2 Kor 11), als die wahren Stigmata einer dem Kreuz Christi verhafteten Existenz (Gal 6,17). In Röm 8,26 f. interpretiert er die Glossolalie zum Gebet des Geistes um, der sich in unaussprechbaren Seufzern unserer Schwäche annimmt: Ausdruck der Wehen und Schmerzen, in denen die ganze Schöpfung liegt, und so deren Anwalt vor Gott. Gebet wird von ihm als ein elementarer, bis in die verborgenen Tiefen des menschlichen Herzens reichender Vorgang, die nur Gott zugänglich sind, erfahren. Der Geist, der die Tiefen der Gottheit erforscht, ist es, der uns erkennen läßt, was uns von Gott geschenkt ist (1 Kor 2,10.12).

Der Glaube tritt hier in den Traditionsstrom ältester religiöser Erfahrung ein, der über die christliche Mystik bis in unsere Zeit weiterfließt. Zugleich ist aber auch jene Spannung benannt, in der christliche Mystik immer stehen wird, ja stehen muß, will sie ihr christliches Proprium bewahren: Die unauflösbare Verbindung von Gottes- und Nächstenliebe, von Mystik und Politik. Im Lichte der christlichen mystischen Tradition wird die Ambivalenz jenes »Wegs nach innen« deutlich, der heute in charismatischen Gruppen, in Meditationskreisen oder auch in der tiefenpsychologischen Erschließung der biblischen Überlieferung auf vielfältige Weise gesucht wird. Mögen diese Versuche auch dem Verdacht des Modischen ausgesetzt sein oder kritischen Zeitgenossen als bloßer Fluchtweg erscheinen, als Kapitulation vor der Herausforderung der geschichtlichen Situation, vielfach mißbrauchbar im Interesse der Mächte des Status quo, so wird hier doch mit richtigem Instinkt ein Potential entdeckt, das die Kirche wie die Gesellschaft zu ihrer Regeneration brauchen. Es sind die Kräfte des Herzens, die sich gegen das kalte Kalkül der Vernunft erheben; die Suche nach dem Selbst, nachdem wir zu Marionetten der geheimen Verführer geworden sind; der Weg in die Tiefe, nachdem wir vergeblich den Mond bestiegen haben; die rettende Begegnung mit dem Deus intimus, dem alles tragenden Grund, den der Christ *Abba* nennen darf, nachdem der Himmel der Technokraten zum Szenarium totaler Vernichtung geworden ist.

Der Weg nach innen öffnet sich nicht von selbst; bei den meisten sind die Zugänge verschüttet. Ihn zu gehen, setzt spezifische Fähigkeiten voraus, die eingeübt werden müssen. Hier liegt ein Dienst brach, dessen die christliche Gemeinde dringend bedarf: geistliche Lehrer, die den Weg selbst gegangen sind und aus ihrer Erfahrung heraus anderen helfen können, diesen Weg zu finden.

Neben dem Mystiker steht der *Prophet*, die Prophetin, schon früh auch in der christlichen Gemeinde als Falsch-ProphetIn beargwöhnt. Wir kennen ihr Pendant aus alttestamentlicher Zeit, den »Hofpropheten«, der im »Hoftheologen« seinen christlichen Nachfolger finden wird, der stets bereit ist, die Wahrheit Gottes den Interessen der Mächtigen in Kirche oder Gesellschaft anzupassen.

Wer ist dieser Prophet? Er ist es, der die herrschende Meinung der Herrschenden in Frage stellt. Im Alten Testament im Namen Jahwes gegen das politische Kalkül der Könige Israels und Judas protestierend; in frühjüdischer Zeit mit dem Ruf zum Zug in die Wüste und in die Berge im Widerstand gegen die Weltmacht Rom und das sich mit ihr arrangierende jüdische Establishment; subversiver bei Jesus von Nazaret, der – mitten im Volk »wie der Fisch im Wasser« – bei der Revolution der Herzen einsetzt und gerade dadurch die Mächtigen in Religion und Gesellschaft irritiert. Die Gestalt dieses Propheten mag heute bescheidener aussehen. Er ist der Rebell, der Kritiker, der Unbequeme. Ihn ärgern die nur noch Langeweile verbreitenden kirchlichen Klischees; er wehrt sich gegen die eingefahrenen Geleise der kirchlichen und gesellschaftlichen Großbürokratien; er mißtraut der Allianz der Kirche mit der Macht. Er hat den Mut, anders zu denken und zu handeln als die, die es gelernt haben, so zu denken oder sich doch so zu geben, wie es sich auszahlt. Unerfahren im politischen Geschäft, sitzt er zwischen den diversen Stühlen, nicht auf ihnen. Unerbittlich in seinem Anspruch, gilt er als lästiger Querulant. Als »freischwebende« Intelligenz verdächtigt oder als dummer Schwärmer belächelt, wird er ins Abseits gestellt. Nirgendwo zu Hause, ist er der Wanderer zwischen zwei Welten, der gestrigen, die er nicht mag, und der von morgen, die er selbst noch nicht kennt. Irgendwie Abraham verwandt, der mit unbekanntem Ziel sich auf den Weg machte.

Vielleicht ist er aber trotz seiner Schwächen der Anwalt jenes revolutionären, alles Bestehende in Frage stellenden Außenseiters, dem das Christentum seinen Ursprung verdankt und mit dessen Hilfe allein es davor bewahrt werden kann, zu einer versteinerten Tradition zu werden.

Vielleicht gehören jene beiden Gaben, die mystische und die prophetische, enger zusammen, als wir zunächst vermuten. Nur wer in Gott sich selbst gefunden hat, fand jene Freiheit, die ihn unabhängig macht. Nur wo der Weg nach innen nicht zum Alibi wird, sich den Herausforderungen der Geschichte zu entziehen, führt er zu jener schöpferischen Liebe, die menschliches Leben gelingen und Erlösung konkret werden läßt.

Kirche, Reich Gottes und die Welt

Die Spannung zwischen dem gegenwärtigen verborgenen Anbruch der Herrschaft Gottes und ihrer künftigen Vollendung vor aller Welt, die allein Gott vorbehalten ist, wird, wie z. B. das Gleichnis vom Senfkorn zeigt (Mk 4,30–32), von Jesus ausdrücklich bejaht und in solchem Glauben ausgehalten. Mit diesem »eschatologischen Vorbehalt« zeigt sich Jesus der strengen Zukunftsorientiertheit apokalyptischer Hoffnung verbunden. Dieser Vorbehalt richtet sich gegen ein schwärmerisches Überspringen der Realität zugunsten eines kirchlichen Wolkenkuckucksheims oder den Rückzug in ein Sakristeichristentum, aber auch gegen die Versuchung, das vollendete Reich totalitär herzustellen. Hier scheiden sich die Geister.

Angesichts der vielfältigen Verflochtenheit des Menschen mit seiner Umwelt erscheint es als eine verwegene, vielleicht auch allzu naive Illusion, Gemeinde als »alternative Gesellschaft« gleichsam neben der Normalgesellschaft zu etablieren; es sei denn, man »geht aus der Welt hinaus«, um dann allerdings zu erfahren, daß die Gespenster, die man bannen wollte – den Versuchungen des heiligen Antonius gleich – sehr schnell hier fröhliche Urständ feiern.

Entscheidend jedoch ist die theologische Grundsatzfrage. Verstehen wir Kirche nach dem »Modell Israel« als ein aus der Völkerwelt ausgesondertes Heilskollektiv, die Gemeinde gleichsam als »perfekte Gesellschaft« *en miniature* (ein Kirchenmodell, dem das Vatikanum II den Abschied gab), oder nehmen wir Jesu *schöpfungstheologische Entgrenzung* der Israel-Idee ernst? In diesem Fall ist die christliche Gemeinde eine dem universalen Basileia-Geschehen ein- und untergeordnete Größe. »Zerstreut« unter die Völker der Welt und in vielfacher Weise selbst in die menschliche Unheilsgeschichte verstrickt hat sie der Welt Zeugnis von Gottes befreiendem Herrschaftshandeln zu

geben und für die Restituierung der Schöpfung Gottes einzutreten. Ihr Ziel kann nicht die Herstellung einer kleinen,
vermeintlich heilen Gemeindewelt sein, sondern allein
Gottes Herr-Sein *in der Welt*. Die christlichen Gemeinden
bilden dann nicht eine »alternative Gesellschaft«, sondern
bestenfalls »Zellen des Widerstandes« in einer sich und die
eigenen Möglichkeiten absolut setzenden und damit dem
»Götzendienst« verfallenden Menschheit[3].

Die gegenwärtige Verwirklichung der Basileia steht, so-
lange diese Weltzeit andauert, *im Zeichen des Senfkorns*.
In diesem Sinn läßt sich, um der gefährlichen Illusion einer
»superlativen« Realisation der Basileia zu begegnen, nur
von ihrer »komparativischen« Verwirklichung sprechen.
Es geht um kleine Schritte, konkret um den immer neuen
Einsatz für ein *Mehr* an Güte, Gerechtigkeit, Freiheit,
Glück, Menschlichkeit, oft »nur« um ein *Weniger* von
Hunger, Gewalt, Angst und Unfreiheit. Mit Albert
Camus ließe sich von einer in jedem Augenblick neu und
anders geforderten »Revolte« für die Sache der Basileia
sprechen – anstelle des Traums einer christlichen Welt-
revolution. Der Christ: ein »Partisan« im Widerstand des
Nazareners, wie es Ernst Käsemann forderte – dazu bedarf
es eines langen Atems, aber auch der Wendigkeit, um den
Augenblick zu nutzen, die den Partisanenkampf auszeich-
nen.

Der eschatologische Vorbehalt bewahrt uns davor, die
Kirche als ein »geschlossenes System« zu definieren. Das
Wissen um die absolute Zukunft Gottes läßt die »Vorläu-
figkeit« jeder geschichtlichen Realisation ebenso erkennen
wie die Notwendigkeit des ständigen Aufbruchs zu neuen
Ufern.

Dieses Wissen macht auch skeptisch gegen die neuzeit-

3 Vgl. dazu die Analyse des neuzeitlichen »Allmachts«-Glaubens durch
H. E. Richter, Der Gotteskomplex. Die Geburt und Krise des Glaubens
an die Allmacht des Menschen, Hamburg 1979.

liche Fortschrittsgläubigkeit, die im Sinn einer säkularisierten Eschatologie meint, »hier auf Erden schon das Himmelreich errichten« zu können. Angesichts des technischen Wahns, den vollkommenen Menschen »aus der Retorte« herstellen zu können und das Heil der Welt durch die totale menschliche Beherrschung der Natur zu gewinnen, kommt dem oben dargelegten Schöpfungsaspekt der jesuanischen Rede von der Herrschaft Gottes aktuelle Bedeutung zu. Gegen alle modernen Utopien und ihren Traum vom neuen Menschen in einem Land der unbegrenzten Möglichkeiten bleibt der Christ in seinem Handeln und Zukunftsplanen an die *Grenzen menschlicher Geschöpflichkeit* gebunden. Das meint nicht die Festschreibung des Status quo, sondern im Gegenteil den entschiedenen Widerstand gegen alle Mächte, die den Menschen seiner geschöpflichen Würde berauben.

Der »neue Mensch«, die »neue Erde« liegen nicht jenseits der Grenzen unserer Geschöpflichkeit, sondern meinen gerade den Menschen, der wieder Geschöpf sein darf, die Erde, die wieder als *seine* Schöpfung erkannt ist. Der »neue Mensch« ist daher der von den Entstellungen und Erniedrigungen, die er in der Geschichte erfahren hat, wieder zu sich selbst gekommene Mensch; die »neue Erde« ist die von den Verwüstungen durch menschlichen Egoismus regenerierte Erde.

Wenn *Hans Jonas* in seinem »Prinzip Verantwortung« eine radikale Abkehr von dem bisherigen Weg der Entwürdigung des Menschen und der rücksichtslosen Ausbeutung der Erde fordert, damit die Menschheit überleben kann, erinnert er zu Recht an den Auftrag, der hier den Religionen der Menschheit zukäme, auch wenn seine Skepsis gegenüber der Effizienz solcher Bundesgenossenschaft angesichts des praktischen Atheismus, der trotz der statistischen Daten der Kirchen und sogenannter christlich orientierter Parteiprogramme die moderne Kultur bestimmt, mehr als verständlich ist und durch ihren allgemeinen Verfall auch von seiten der Kirchen bestätigt wird. Dennoch liegt gerade hier die historische Herausforderung der Christenheit. Ihr wird sie weder durch den Rückzug aus der Geschichte in eine »alternative Gesellschaft« oder in den Bereich christlicher Innerlichkeit und Jenseits-Seligkeit, noch durch eine naive Komplizenschaft mit den Mächten des Status quo gerecht. Das Erbe Jesu verpflichtet sie, dem Herrschaftsanspruch Gottes *in* dieser Welt Gehör zu verschaffen und jenen durch Jesus von Nazaret begonnenen Befreiungsprozeß fortzuführen, in dem der Mensch sich wieder als Gottes Geschöpf erfahren kann, dem die Erde als Gottes gute Schöpfung anvertraut ist.

Ein letztes Dilemma

Im Gespräch mit dem kirchlichen Lehramt und dessen dogmatischen Vertretern, das ja auch in diesen Beiträgen geführt werden sollte, gerät der den historischen Methoden der Wahrheitsfindung verpflichtete Exeget, auch wenn er sich der Bedingtheit seines Wahrheitsanspruches bewußt ist, in ein letztes, in diesem Äon – zumindest von ihm – nicht lösbares Dilemma. Sieht er sich doch Gesprächspartnern gegenüber, die sich solcher Bedingtheit ihres Wahrheitsanspruchs enthoben wissen. Indem sich die Träger des kirchlichen Lehramtes, insbesondere der Bischof von Rom, als summus interpres (d. h. als »Oberster Interpret«) der Schrift verstehen und damit *ihr* Verständnis des Textes definitiv zum letztverbindlichen erklären, wird die Wahrheitsfindung dem gemeinsamen Diskurs entzogen und erweist sich das Lehramt selbst als Herr des Textes. De facto ist damit immer die Gefahr gegeben, daß nicht mehr der Text die Norm für die Wahrheit der Auslegung ist, sondern der lehramtliche Ausleger darüber befindet, was Wahrheit des Textes, gegebenenfalls auch, was historisch wahr zu sein hat. Der verwegene Versuch des Exegeten, unter solchen Konditionen sich noch auf einen Streit um die Wahrheit der Schrift einzulassen, bedeutete dann, mit Don Quichote den Kampf mit den Windmühlenflügeln zu wagen. Bleibt ihm dann nur noch als Trost die Empfehlung von Kardinal Ratzinger, eine solche Situation des nicht aufhebbaren Dissenses als »Aufruf zu schweigendem und betendem Leiden in der Gewißheit« zu verstehen, »daß, wenn es wirklich um die Wahrheit geht, diese sich notwendig am Ende durchsetzt.« (Instruktion über die kirchliche Berufung des Theologen vom 24. Mai 1990, Nr. 31). Der Respekt, den im rabbinischen Lehrhaus die in der Abstimmung siegreichen Gelehrten ihren unterlegenen Kollegen zollten, wird ihm versagt. Diese bewahrten auch die verworfenen Meinungen auf, da sie nicht darüber entscheiden mochten, ob ihnen im messianischen Reich nicht doch noch Gültigkeit zugesprochen würde. Solches mag allerdings nur dort gelingen, wo man das Kommen des Messias noch ausstehend weiß, nicht aber dort, wo man sich bereits als Stellvertreter des bereits gekommenen Messias im Besitz der Wahrheit versteht.

Besteht dann noch eine Chance für den armen Exegeten? Vielleicht sollte er mit der »List des Glaubens« (Mt 10,16) zu der ihm ja häufig vom Lehramt anempfohlenen Kindlichkeit zurückkehren. Möglicherweise käme es dann doch noch, wie es Andersen in seinem Märchen von des Kaisers neuen Kleidern schildert, zu einer Stunde der Wahrheit. Auch dort ist es die aus der Unbefangenheit eines kindlichen Gemüts kommende Feststellung: »Er hat ja nichts an«, die im Nu all die von den Hofschneidern angeblich in nächtelanger Arbeit mit viel Aufwand für den Kaiser gefertigten Gewänder als bloße Hirngespinste und Scheinprodukte entlarvt. Freilich – solches pflegt nur im Märchen zu geschehen.

Literatur

1. Eigene Veröffentlichungen zur Thematik

Auslegung der Bergpredigt, Bibel und Leben 10 (1969) 57–65. 111–122. 175–189. 264–275; 11 (1970) 89–104.

Jesu Wort von der Ehescheidung und seine Auslegung in der neutestamentlichen Überlieferung, Concilium 6 (1970) 326–332.

Die Jesusverkündigung in der Logienquelle, in: Jesus in den Evangelien. Hg. v. W. Pesch, 2. Aufl. Stuttgart 1972, 50–70.

Studien zur Theologie der Logienquelle, 3. Aufl. Münster 1982 (NTA NF 8).

Der Petrus-Primat im Matthäusevangelium, in: Neues Testament und Kirche. Festschrift für R. Schnackenburg. Hg. v. J. Gnilka, Freiburg–Basel–Wien 1974, 94–114; Nachdruck in: Das Matthäus-Evangelium. Hg. v. J. Lange, Darmstadt 1980, 415–440 (Wege der Forschung 525).

Zusammen mit V. Eid, Jesus von Nazareth und eine christliche Moral. Sittliche Perspektiven der Verkündigung Jesu, 3. Aufl. Freiburg/Br. 1979 (QD 66).

Die Bedeutung des Petrus für die Kirche des Matthäus, in: Dienst an der Einheit – Zum Wesen und Auftrag des Petrusamtes. Wissenschaftliches Symposion der Katholischen Akademie in Bayern in Rom. hg. v. J. Ratzinger, Düsseldorf 1978, 9–26.

Eschatologie und Friedenshandeln in der Jesusüberlieferung, in: Eschatologie und Frieden. Bd. 2. Hg. v. G. Liedke, Heidelberg 1979, 179–223 (Texte und Materialien der Forschungsstätte der Evangelischen Studiengemeinschaft, Heidelberg 1979, 179–223; Überarbeiteter Nachdruck in: Eschatologie und Friedenshandeln.

Exegetische Beiträge zur Frage christlicher Friedensverantwortung, Stuttgart 1981, 115–152 (Stuttgarter Bibelstudien 101).

»Er weiß, was ihr braucht…« (Mt 6,7). Jesu einfache und konkrete Rede von Gott, in: »Ich will euer Gott werden«. Beispiele biblischen Redens von Gott, Stuttgart 1981, 150–176 (Stuttgarter Bibelstudien 100).

Der einfache Glaube des Jesus von Nazareth, Katechetische Blätter 107 (1982) 182–195.

Bergpredigt und christliche Verantwortung für den Frieden, in: Katechetische Blätter 109 (1984) 266–273.

Tradition und Situation. Zur »Verbindlichkeit« des Gebots der Feindesliebe in der synoptischen Überlieferung und in der gegenwärtigen Friedensdiskussion. Eduard Schweizer zum siebzigsten Geburtstag, in: Ethik im Neuen Testament. Hg. v. K. Kertelge, Freiburg–Basel–Wien 1984, 50–118 (QD 102).

Kirchliches Amt unter der Herausforderung der Botschaft Jesu. Zur Entwicklung der Gemeindestrukturen im frühen Christentum, in: Die Kraft der Hoffnung. Gemeinde und Evangelium. Festschrift für Erzbischof J. Schneider. Hg. v. A. Hierold u. a., Bamberg 1986, 48–61.

Er ist unsere Freiheit. Aspekte einer konkreten Christologie, Bibel und Kirche 42 (1987) 109–115 = Biotope der Hoffnung. Festschrift für L. Kaufmann. Hg. v. N. Klein, H. R. Schlette, K. Weber, Olten 1988, 47–58.

Priesterkirche (Hg.), 2. Aufl. Düsseldorf 1989 (1. Aufl. 1987).

Zukunftserwartung und Schöpfungsglaube in der Basileia-Verkündigung Jesu. Zum Problemkreis: »Jesus und die Apokalyptik«, Religionsunterricht an höheren Schulen 31 (1988) 374–384.

Der Q-Text der Sprüche vom Sorgen. Mt 6,15–33/Lk 12,22–31. Ein Rekonstruktionsversuch, in: Studien

zum Matthäusevangelium. Festschrift für W. Pesch. Hg.
v. L. Schenke, Stuttgart 1988, 128–155.

Die Sprüche vom Sorgen (Mt 6,25–33 / Lk 12,22–31) in
der vorsynoptischen Überlieferung, in: Artikulation
der Wirklichkeit. Festschrift für S. Oppolzer. Hg. v.
H. Hierdeis, H. S. Rosenbusch, Frankfurt / M. 1989,
73–94.

Jesu »Verbot des Sorgens« und seine Nachgeschichte in
der synoptischen Überlieferung, in: Jesu Rede von Gott
und ihre Nachgeschichte im frühen Christentum. Beiträge zur Verkündigung Jesu und zum Kerygma der
Kirche. Festschrift für W. Marxsen. Hg. v. D.-A.
Koch, G. Sellin und A. Lindemann, Gütersloh 1989,
116–141.

2. Literatur zur Jesusüberlieferung (in Auswahl)

Becker, J., Das Gottesbild Jesu und die älteste Auslegung
von Ostern, in: Jesus Christus in Historie und Theologie. Festschrift für H. Conzelmann. Hg. v. G. Strecker,
Tübingen 1975, 105–126.

Becker, J., Johannes der Täufer und Jesus von Nazareth,
Neukirchen / Vluyn 1972 (BSt 63).

Bornkamm, G., Jesus von Nazareth, 14. Aufl. Stuttgart–
Berlin–Köln–Mainz 1988 (UB 19).

Braun, H., Jesus – der Mann aus Nazareth und seine Zeit.
Um 12 Kapitel erweiterte Studienausgabe, 2. Aufl. Gütersloh 1989 (GTB 1422).

Braun, H., Spätjüdisch-häretischer und frühchristlicher
Radikalismus. Jesus von Nazareth und die essenische
Qumransekte. In zwei Bänden. Erster Band: Das Spät-
judentum. Zweiter Band: Die Synoptiker, 2. Aufl. 1969
(Beiträge zur Historischen Theologie 24).

Fiedler, P., Jesus und die Sünder, Frankfurt–Bern 1976
(BBE 3).

Jeremias, J., Neutestamentliche Theologie. Erster Teil. Die Verkündigung Jesu, Gütersloh 1971 = 4. Aufl. 1988.

Käsemann, E., Der Ruf der Freiheit, 5. Aufl. Tübingen 1972 = 1981.

Linnemann, E., Gleichnisse Jesu. Einführung und Auslegung, 7. Aufl. Göttingen 1978 (= 1961).

Merklein, H., Die Gottesherrschaft als Handlungsprinzip. Untersuchung zur Ethik Jesu, 3. Aufl. Würzburg 1984 (fzb 34).

Niederwimmer, K., Jesus, Göttingen 1968.

Schrage, W., Ethik des Neuen Testaments, Göttingen 1982, 21–115 (Grundrisse zum Neuen Testament 4. NTD-Ergänzungsreihe).

Strecker, G., Die Bergpredigt. Ein exegetischer Kommentar, 2. Aufl. Göttingen 1985.

Theißen, G., Lokalkolorit und Zeitgeschichte in den synoptischen Evangelien. Ein Beitrag zur Geschichte der synoptischen Tradition, Fribourg–Göttingen 1989 (NTOA 8).

Trilling, W., Die Botschaft Jesu, Freiburg/Br. 1978.

Wolff, H., Jesus der Mann. Die Gestalt Jesu in tiefenpsychologischer Sicht, 10. Aufl. Stuttgart 1990.

Forschungsüberblicke:

Kümmel, W. G., Dreißig Jahre Jesusforschung (1950 bis 1980). Hg. v. H. Merklein, Königstein/Ts. – Bonn 1985 (BBB 60).

Merkel, H., Die Gottesherrschaft in der Verkündigung Jesu, in: Königsherrschaft und himmlischer Kult. Hg. v. M. Hengel und A. M. Schwemer, Tübingen 1991 119–161 (informiert ausgezeichnet über den aktuellen Diskussionsstand).

3. Literatur zum frühchristlichen Kirchen- und Amtsverständnis:

Bauer, W., Rechtgläubigkeit und Ketzerei im ältesten Christentum, 2. Auflage Tübingen 1964.

Bornkamm, G., Art. *presbys*, in: Theologisches Wörterbuch zum Neuen Testament Bd. VI, 651–683.

Brockhaus, U., Charisma und Amt. Die paulinische Charismenlehre auf dem Hintergrund der frühchristlichen Gemeindefunktionen, Wuppertal 1972.

Brox, N., Historische und theologische Probleme der Pastoralbriefe des Neuen Testaments. Zur Dokumentation der frühchristlichen Amtsgeschichte, Kairos 11 (1969) 81–94.

Brox, N., Situation und Sprache der Minderheit im ersten Petrusbrief, Kairos 19 (1977) 1–13.

Campenhausen, H. v., Kirchliches Amt und geistliche Vollmacht in den ersten drei Jahrhunderten, Tübingen 1953 (Beiträge zur historischen Theologie 14).

Das kirchliche Amt im Neuen Testament. Hg. v. K. Kertelge, Darmstadt 1977 (Wege der Forschung 439).

Goldstein, H., Paulinische Gemeinde im Ersten Petrusbrief, Stuttgart 1975.

Hainz, J., Ekklesia. Strukturen paulinischer Gemeinde-Theologie und Gemeinde-Ordnung, München 1972.

Hübner, R. M., Die Anfänge von Diakonat, Presbyterat und Episkopat in der frühen Kirche, in: A. Rauch, P. Imhof (Hg.), Regensburger ökumenisches Symposion 1985, 45–89.

Kirche im Werden. Studien zum Thema Amt und Gemeinde im Neuen Testament. Hg. v. J. Hainz, Paderborn 1976.

Klauck, H. J., Hausgemeinde und Hauskirche im frühen Christentum, Stuttgart 1981 (Stuttgarter Bibelstudien 103).

Klinzing, G., Die Umdeutung des Kultes in der Qumrangemeinde und im Neuen Testament, Göttingen 1971.

Lips, H. v., Glaube – Gemeinde – Amt. Zum Verständnis der Ordination in den Pastoralbriefen, Göttingen 1979 (FRLANT 122).

Meeks, W. A., The First Urban Christians. The Social World of the Apostle Paul, New Haven – London 1983.

Meinhold, E., Die Anschauung des Ignatius von der Kirche, in: Wegzeichen. Festschrift H. M. Biedermann, Würzburg 1971, 1–14, jetzt in: ders., Studien zu Ignatius von Antiochien, Wiesbaden 1979, 57–66 (Veröffentlichungen des Instituts für europäische Geschichte Mainz 97).

Merklein, H., Das kirchliche Amt nach dem Epheserbrief, München 1973 (StANT 33).

Niederwimmer, K., Zur Entwicklungsgeschichte des Wanderradikalismus im Traditionsbereich der Didache, in: Wiener Studien 11 (1977) 145–167.

Prast, F., Presbyter und Evangelium in nachapostolischer Zeit, Stuttgart 1979.

Rohde, J., Urchristliche und frühkatholische Ämter, Berlin 1976.

Roloff, J., Art. Amt / Ämter / Amtsverständnis IV, in: Theologische Realenzyklopädie Bd. 2, 509–533.

Satake, A., Die Gemeindeordnung der Johannesapokalypse, Neukirchen 1966 (WMANT 21).

Schüssler Fiorenza, E., Priester für Gott. Studien zum Herrschafts- und Priestermotiv in der Apokalypse, Münster 1972 (NTA NF 7).

Schweizer, E., Gemeinde und Gemeindeordnung im Neuen Testament, 2. Aufl. Zürich 1962.

Theißen, G., Soziologie der Jesusbewegung. Ein Beitrag zur Entstehungsgeschichte des Urchristentums, 5. Aufl. München 1988 (Kaiser Taschenbücher 35).

Theißen, G., Studien zur Soziologie des Urchristentums, 3. Aufl. Tübingen 1989 (WUNT 19).

Venetz, H. J., So fing es mit der Kirche an. Ein Blick in das Neue Testament, 4. Aufl. Zürich 1990.

Vögtle, A., Die Dynamik des Anfangs. Leben und Fragen der jungen Kirche, Freiburg – Basel – Wien 1988.

Wenschkewitz, H., Die Spiritualisierung der Kultusbegriffe Tempel, Priester und Opfer im Neuen Testament, Leipzig 1932.

Nachweis der Erstveröffentlichungen

1. *Das gefährliche und gefährdete Erbe des Jesus von Nazaret:*
   Originalbeitrag. Die Vorlage entstand als Entwurf für den Artikel »Lehrtätigkeit Jesu« in dem von L. Scheffczyk und R. Bäumer herausgegebenen Marienlexikon. Er wurde von den beiden Herausgebern zurückgewiesen, da er eher für ein Bibel- als ein Marienlexikon geeignet sei – eine Unterscheidung, die mir nachzuvollziehen nicht möglich ist und für sich spricht.

2. *Die hausgemachte Krise* erschien unter dem Titel »Das Erbe Jesu und die Macht in der Kirche«, in dem der »Überforderung« in der heutigen Gemeindearbeit gewidmeten Heft 4 der Diakonia, Jg. 21 (1990) 245–252.

3. *Die verdrängte Alternative* erschien unter dem Titel »Das paulinische Konzept einer charismatischen Gemeinde«, in: Bibel und Kirche, Heft 2 »Gemeinschaft in Konflikten«, Jg. 45 (1990) 72–79.

4. *Da gilt nicht mehr Priester oder Laie, Mann oder Frau...* erschien unter dem Titel »Evangelium ohne Priester?«, in: P. Eicher (Hg.), »Klerikerstreit. Die Auseinandersetzung um Eugen Drewermann«, München 1990 (einschließlich des Schlußabschnittes *Ein letztes Dilemma*).

5. *Von der Kirche der Priester zur Kirche des Volkes* ist dem von mir herausgegebenen Sammelband »Priesterkirche«, Düsseldorf ²1989 (Theologie zur Zeit Bd. 3) 346–368, entnommen.

Topos Taschenbücher
Die Reihe mit dem klaren Profil

Matthias-Grünewald-Verlag · Mainz